IRIS PÉREZ-BONAVENTURA

¡HOLA, AUTOESTIMA!

ILUSTRACIONES DE
PATRICIA AGÜERO

SIN MIEDOS
NI VERGÜENZAS

ATRÉVETE A SER TÚ

B DE BLOK

Papel certificado por el Forest Stewardship Council®

Primera edición: junio de 2024
Tercera reimpresión: agosto de 2025

© 2024, Iris Pérez-Bonaventura
© 2024, Penguin Random House Grupo Editorial, S. A. U.
Travessera de Gràcia, 47-49. 08021 Barcelona
© 2024, Patricia Agüero, por las ilustraciones
Diseño de los interiores: Penguin Random House Grupo Editorial / Silvia Blanco

Printed in Spain – Impreso en España

ISBN: 978-84-19522-40-5
Depósito legal: B-7.949-2024

Compuesto por Francisco Javier Martínez Lavandeira

Impreso en Liber Digital, S. L.
Casarrubuelos (Madrid)

BL 2 2 4 0 5

Cree en ti y brillarás con luz propia.

ÍNDICE

NOTA DE LA AUTORA

Todo lo hago **MAL**.
No valgo para **NADA**.
Voy a **FALLAR**.
Nunca lo **LOGRARÉ**.
No **PUEDO**.

SI TE SIENTES ASÍ...

No estarás a gusto contigo mismo.
Pensarás que los demás son mejores que tú.
Creerás que no eres capaz de conseguir aquello
que te propongas.
Y, lo peor de todo, ¡dejarás de hacer cosas
por miedo a fallar!

¡NO ESTÁS SOLO!

La falta de autoestima afecta a personas de todas las edades: niños, adolescentes y adultos.
Aunque no te lo parezca, muchos de tus compañeros y amigos se sienten tan inseguros como tú.

¡TIENE SOLUCIÓN!

Si quieres empezar a verte de forma más positiva y sentirte más valiente, has de saber que existen muchas estrategias que funcionan.
¿Quieres probarlas?
Acepta quién eres, valora tus cualidades, entiende cómo puedes mejorar, compórtate según tus valores y lucha por tus sueños.
Puedes descubrir todas ellas, ¡y muchas más!, en este libro.

¡NO DAÑES TU AUTOESTIMA!

Tan importante es que utilices estrategias que te ayuden a sentirte mejor como que dejes de hacer todo aquello que te hace sentir mal.

Si eres demasiado crítico contigo, si te comparas constantemente con los demás, si estás siempre pendiente del qué dirán, si no aprendes de los errores..., ¡te boicotearás a ti mismo!

A lo largo de estas páginas podrás leer sobre las distintas formas en las que nos boicoteamos y, también, sobre qué puedes hacer para cambiarlo.

¡CUANDO CREES EN TI, (CASI) TODO ES POSIBLE!

Esfuérzate para cambiar lo que piensas de ti
y cómo lo sientes.
¡Empieza hoy mismo!

CUANDO CREES EN TI...

- Das lo MEJOR.
- Estás MOTIVADO para conseguir lo que quieres.
- Tienes más ENERGÍA Y ENTUSIASMO para hacer lo que te gusta.
- Te sientes CÓMODO Y SEGURO con los demás, incluso cuando opinan diferente.
- Sientes que eres CAPAZ de hacer frente a situaciones difíciles.
- Tomas DECISIONES.
- Tratas de buscar SOLUCIONES a los problemas.
- No te RINDES fácilmente.
- Te sientes ORGULLOSO de ti mismo.

¿ESTÁS PREPARADO PARA EMPEZAR A CREER EN TI?
¡ADELANTE!

*Con el objetivo de que la lectura sea más ágil, no se usa un término inclusivo y, en ocasiones, se utilizan los pronombres masculinos para referirse indistintamente a él/ella/elle/ellos/ellas/elles.

INTRODUCCIÓN

¿CÓMO TE SIENTES?

¿CÓMO TIENES LA AUTOESTIMA?

A continuación, leerás una lista de frases sobre pensamientos y sentimientos.

- Si la frase describe cómo te sientes de manera habitual, responde **SÍ**.
- Si la frase no describe cómo te sientes de manera habitual, responde **NO**.

No hay respuestas buenas ni malas. Tus respuestas, sean las que sean, son totalmente válidas.

1. Muchas veces desearía ser otra persona.

SÍ ☐   NO ☐

¡OJALÁ FUERA DISTINTO!

2. Delante de la gente me comporto como en realidad soy.

SÍ ☐   NO ☐

AUNQUE ESTÉ CON OTROS, NO CAMBIO MI MANERA DE SER.

3. Me comparo continuamente con los demás y me siento mal conmigo mismo.

SÍ ☐   NO ☐

¡LOS DEMÁS SON MEJORES QUE YO!

4. Soy único y me gusta ser así.

SÍ ☐   NO ☐

TODOS SOMOS DIFERENTES.

5. Me da mucha vergüenza hablar delante de mis compañeros de clase.

SÍ ☐   NO ☐

¿VAN A REÍRSE DE MÍ?

6. Sé qué cosas se me dan bien.

SÍ ☐   NO ☐

SOY MUY BUENO EN...

7. Necesito que los demás me digan lo bien que hago las cosas, si no, no me lo creo.

SÍ ☐   NO ☐

SI NO ME VALORAN, ¡YO TAMPOCO!

8. Siento que, si dedico tiempo y esfuerzo en hacer aquello que me gusta, seré mejor.

SÍ ☐   NO ☐

¡YO PUEDO!

9. No presto atención a las cosas buenas que dicen que tengo.

SÍ ☐   NO ☐

ME LO DICEN PARA QUEDAR BIEN...

10. Me gustan muchas cosas de mí.

SÍ ☐   NO ☐

CREO QUE SOY SIMPÁTICO, AGRADABLE, LISTO...

11. Me avergüenzo de mí mismo.

SÍ ☐   NO ☐

NO ME GUSTA MI CUERPO, NI MI PERSONALIDAD, NI ¡NADA DE MÍ!

12. Tengo una buena opinión de mí mismo.

SÍ ☐   NO ☐

SÉ QUE TENGO COSAS BUENAS Y MALAS, ¡IGUAL QUE TODOS!

13. Veo el lado negativo de todo y me quejo cada día.

SÍ ☐   NO ☐

¡QUÉ MAL ME VA!

14. Intento buscar soluciones a las cosas que me cuestan.

SÍ ☐   NO ☐

¿EN QUÉ PUEDO MEJORAR?

15. Siento que no le gusto a nadie.

SÍ ☐   NO ☐

¡NADIE QUIERE ESTAR CONMIGO!

16. Es imposible que lo pueda controlar todo.

SÍ ☐   NO ☐

ALGUNAS COSAS NO DEPENDEN DE MÍ.

17. Me cuesta mucho tomar una decisión. Le doy demasiadas vueltas.

SÍ ☐   NO ☐

NO SÉ QUÉ HACER...

18. Me siento orgulloso de mí mismo cuando ayudo a los demás.

SÍ ☐   NO ☐

¡ME ENCANTA HACER EL BIEN!

19. No sé decir «no» y termino haciendo lo que los demás quieren.

SÍ ☐   NO ☐

ME CUESTA DECIR «NO» PORQUE CUANDO LO HAGO ME SIENTO MUY MAL.

20. Puedo tomar una decisión y cumplirla.

SÍ ☐   NO ☐

CONFÍO EN MÍ MISMO.

21. Me exijo mucho: ¡tengo que ser perfecto!

SÍ ☐   NO ☐

¡ODIO COMETER ERRORES!

22. Cuando me equivoco, pido perdón.

SÍ ☐   NO ☐

LO SIENTO, NO LO VOLVERÉ A HACER.

23. Si algo no me sale bien, me desanimo fácilmente.

SÍ ☐   NO ☐

¡YA NO PUEDO MÁS!

24. Sé pedir ayuda si la necesito.

SÍ ☐   NO ☐

¡NO LO ENTIENDO!, PREGUNTARÉ AL PROFESOR.

25. Si veo un problema difícil, me rindo.

SÍ ☐   NO ☐   ¡NO VALE LA PENA INTENTARLO!

26. Me gusta pensar en quién me convertiré.

SÍ ☐   NO ☐   VOY A SER MÉDICO, BOMBERO, FUTBOLISTA...

27. Siento que no voy a lograr nada.

SÍ ☐   NO ☐   ¡SEGURO QUE NO ME SALE BIEN!

28. Si me esfuerzo, podré conseguir muchas de las cosas que deseo.

SÍ ☐   NO ☐   ¡VA A SALIR BIEN!

29. Creo que nunca podré conseguir hacer realidad mi sueño.

SÍ ☐   NO ☐   ¡ES IMPOSIBLE!

30. Tengo confianza en mí.

SÍ ☐   NO ☐   ¡YO PUEDO CAMBIAR LAS COSAS!

RESULTADOS: ¡EVALÚA TU AUTOESTIMA!

Para poder calificar tu autoestima, sigue estas instrucciones:

PASO 1

Escribe con un lápiz un O o un 1 al lado de cada una de las preguntas anteriores según sean:

Preguntas IMPARES (1, 3, 5...):

- Cada **SÍ** vale O puntos.
- Cada **NO** vale 1 punto.

Preguntas PARES (2, 4, 6...):

- Cada **SÍ** vale 1 punto.
- Cada **NO** vale O puntos.

PASO 2

Suma todos los puntos que has obtenido. ¿Cuántos tienes en total?

25 PUNTOS O MÁS:

¡Enhorabuena! En este momento tienes una buena autoestima, llamada **AUTOESTIMA SALUDABLE Y POSITIVA**.

Estás a gusto contigo mismo.

Aceptas quién eres.

Te quieres.

Valoras tus cualidades.

Crees en ti.

Sabes en qué tienes que mejorar.

Escuchas la opinión de los demás.

Tienes seguridad en ti.

Pides perdón cuando te equivocas.

Sientes que eres capaz de probar cosas nuevas.

Aprendes de los errores.

Confías en que puedes conseguir lo que te propongas.

¡Atento! En este momento tienes la **AUTOESTIMA BAJA Y NEGATIVA**.

No te sientes bien contigo mismo.

Te influye mucho lo que los otros opinan de ti.

Te avergüenzas de cómo eres.

Te cuesta mucho decidir y no sabes decir que no.

Te comparas mucho con los demás y sientes que eres peor que ellos.

Crees que las cosas malas siempre te suceden a ti.

Eres muy crítico contigo mismo.

No te atreves a probar cosas nuevas porque sientes que no lo harás bien.

No crees en ti.

Solo ves tus «defectos».

No tienes muchas esperanzas en el futuro.

Si las cosas no te salen como esperas, te bloqueas.

La buena noticia es que ¡la autoestima la CONSTRU-YES tú! Tú eres quien tienes el poder de cambiar cómo te sientes contigo mismo. **¡Empieza a creer en ti!**

MENOS DE 5 PUNTOS:

¡Cuidado! En este momento tienes la **AUTOESTIMA MUY BAJA Y MUY NEGATIVA**. Seguramente has pasado o estás pasando por situaciones difíciles.

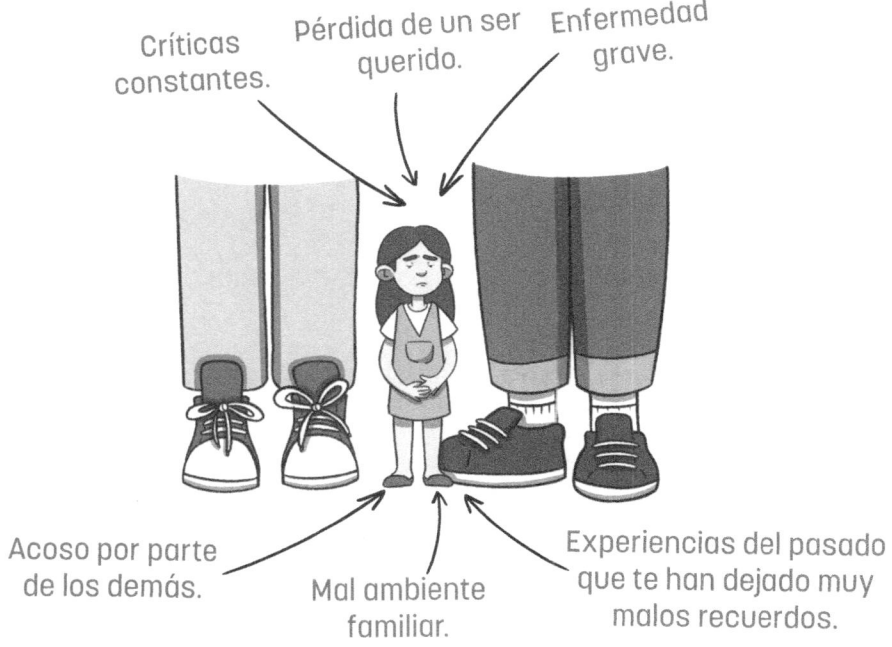

Críticas constantes.

Pérdida de un ser querido.

Enfermedad grave.

Acoso por parte de los demás.

Mal ambiente familiar.

Experiencias del pasado que te han dejado muy malos recuerdos.

Si has vivido alguna de estas situaciones, te sentirás distinto a los demás. Que seas distinto no significa que seas peor, sino, ¡al contrario!, **puedes ser mucho más FUERTE**.

Aprovecha esta fuerza para CREER EN TI, en lo que vales, en quién eres, en lo que puedes conseguir a pesar de los problemas.

¿CÓMO PUEDES GANAR CONFIANZA Y SEGURIDAD EN TI MISMO?

Las preguntas del cuestionario están ordenadas según los capítulos del libro. Puedes leerlo siguiendo el orden de los capítulos o puedes empezar por aquellos que te pueden ayudar.

- **YO SOY AMABLE** conmigo porque me gusta cómo soy. Preguntas 1-5.

- **YO SOY INTELIGENTE** porque desarrollo mis puntos fuertes. Preguntas 6-10.

- **YO SOY HUMILDE** porque sé en qué debo mejorar. Preguntas 11-15.

- **YO SOY RESPONSABLE** porque tomo decisiones. Preguntas 16-20.

- **YO SOY VALIENTE** porque aprendo de mis errores. Preguntas 21-25.

- **YO SOY INCREÍBLE** porque sueño en grande. Preguntas 26-30.

Si dedicas tiempo y esfuerzo, en unas pocas semanas, **¡verás el cambio!**

HABILIDAD:
DESCUBRE QUIÉN ERES

OBJETIVO:

Describe cómo eres.

ACTIVIDAD:

Escribe los adjetivos que mejor definen tu personalidad:

SIMPÁTICO   ALEGRE   **AMABLE**   RESPETUOSO   SOCIABLE

AGRADABLE   *EXTROVERTIDO*   CONFIADO   SOÑADOR

TÍMIDO   BONDADOSO   APLICADO   **ACTIVO**

DETALLISTA   CREATIVO   GENEROSO   INTELIGENTE

OPTIMISTA   CARIÑOSO

TRANQUILO   TRABAJADOR

AVENTURERO   DIVERTIDO

SINCERO   ENTUSIASTA

VALIENTE   SENSIBLE   CUIDADOSO   LUCHADOR

YO SOY

1. _____
2. _____
3. _____
4. _____
5. _____

ES IMPORTANTE QUE SEPAS QUE...

- Pensar en quién eres te ayudará a valorarte y entender que eres **único**.

LA AUTOESTIMA

LA FUERZA DE LA AUTOESTIMA

La autoestima no se ve ni se toca, pero la puedes SENTIR dentro de ti.

Si prestas atención, notarás su **fuerza** cada día:

- Cada vez que te enfrentas a tus miedos porque crees que TÚ PUEDES.
- Cada vez que confías en tus habilidades porque sabes que TÚ ERES CAPAZ.
- Cada vez que vuelves a intentar algo que no te ha salido a la primera ni a la segunda ni, tal vez, ¡a la tercera!, porque estás convencido de que TÚ LO VAS A LOGRAR.

En cada uno de esos momentos, ¡y en muchos otros!, la autoestima te permitirá **DAR LO MEJOR DE TI MISMO**.

YO PUEDO
YO SOY CAPAZ
YO LO VOY A LOGRAR

¿QUÉ ES LA AUTOESTIMA?

A diferencia de lo que algunas personas piensan, la autoestima no es ninguna tontería. No es solo cómo de guapo o feo, de listo o tonto, de alto o bajo, crees que eres. **La autoestima es ¡MUCHO MÁS que eso!**

La autoestima significa:

CONOCERTE

ACEPTAR QUIÉN ERES

ESTAR A GUSTO CONTIGO

QUERERTE

SENTIR RESPETO HACIA TI MISMO

AVERIGUAR QUÉ COSAS SE TE DAN BIEN

LUCHAR POR TUS SUEÑOS

AUTO ESTIMA

SABER EN QUÉ PUEDES MEJORAR

APRENDER EN LOS MOMENTOS DIFÍCILES

ESTAR PREPARADO PARA CAMBIAR

ESTAR ORGULLOSO DE LO QUE CONSIGUES, PERO TAMBIÉN DE LO QUE INTENTAS

CREER EN TI

COMPORTARTE SEGÚN TUS VALORES

LA AUTOESTIMA SALUDABLE Y POSITIVA

Aunque no te des cuenta, la autoestima siempre está PRESENTE.

Está en el día a día, en cada pequeña **decisión**: cuando estudias para un examen que parece imposible; si quedas con un amigo que hace tiempo que no ves; o cuando preguntas al profesor algo que no has entendido.

Y también está en cada **momento** importante: al escoger probar algo nuevo; al aceptar que te has equivocado y estás dispuesto a mejorar; o cuando dices «no» y decides ser único. En cada una de estas situaciones, tener una buena autoestima te ayudará.

¿SABÍAS QUÉ?
La autoestima puede ser alta o baja, positiva o negativa, suficiente o deficiente. ¡Existen muchos adjetivos para definirla!

La autoestima saludable y positiva es la que te permitirá dar lo mejor de ti. Decimos que es «saludable» porque te ayuda a tener una buena salud mental. Y decimos que es «positiva» porque hace que te sientas y te comportes bien contigo mismo y con los demás.

¡ATRÉVETE A CONTESTAR!

Observa el dibujo que se muestra a continuación y dibuja dos flechas en función de:

- ¿Dónde colocarías tu autoestima ahora mismo?

- ¿Dónde te gustaría tener la autoestima?

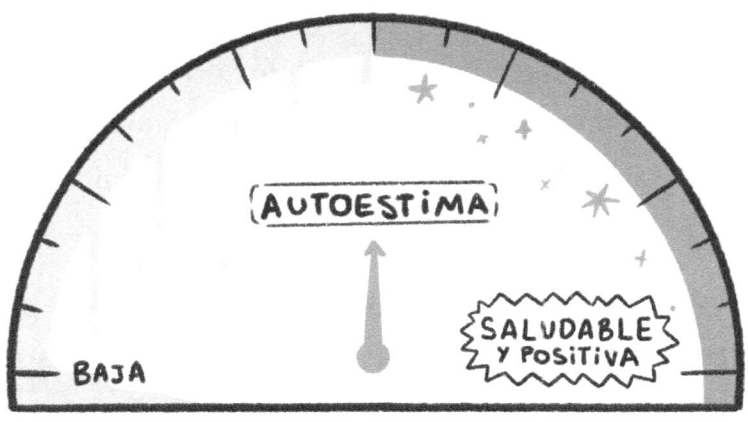

La autoestima de cada uno es DIFERENTE.

En esta semiesfera puedes ver cómo tu autoestima puede ser **baja y negativa** o, por el contrario, **saludable y positiva**. Aprende de qué manera puedes verte de una forma **más positiva**, ya que con quien pasarás el resto de tu vida será contigo.

AHORA ES EL MOMENTO

Estás viviendo un momento ÚNICO en el que están ocurriendo GRANDES CAMBIOS en:

C A M B I O S

- **Tu cuerpo:** está empezando a desarrollarse y, a veces, los cambios son tan rápidos que puedes sentirte torpe e **inseguro**, ¡es natural!

- **Tus emociones:** estás más **sensible** ante los comentarios de la gente y, en algunas ocasiones, reaccionas sin pensar. Además, tienes cambios de humor repentinos que nadie puede explicar, ¡ni siquiera tú!

- **Tus compañeros:** tus amigos son cada vez más **importantes** para ti. Junto a ellos, descubrirás qué cosas son divertidas y, sobre todo, quién quieres ser.

- **Tu forma de pensar:** ahora eres mucho más **consciente** de qué hacen, dicen, piensan y sienten los demás. Te preocuparás (¡demasiado!) por la opinión que tienen los otros acerca de todo y, en especial, de ti. Empezarás a compararte con tus compañeros, intentarás encajar con ellos y, para que no te dejen de lado, a veces sentirás que debes dejar de ser tú mismo.

Todos los cambios por los que estás pasando y por los que pasarás son NATURALES, con el tiempo te adaptarás mejor a ellos. Pero en este momento pueden ser INCÓMODOS Y DIFÍCILES de vivir.

Por eso, justo ahora, en estos años en los que pasarás de ser un niño a ser un adulto, es muy importante que aprendas a lidiar con los diferentes retos a los que te enfrentarás: cambios de amistades, negociaciones con tus padres, conflictos con tus compañeros, discusiones con tu familia, malentendidos con el profesor, presión por parte de tus iguales... Aunque el reto más importante será que, a pesar de todo y de todos, CONTINÚES CREYENDO EN TI.

Para poder creer en ti necesitas CONSTRUIR una autoestima saludable y positiva, y ¡eres TÚ quien lo hace!

Existen diferentes estrategias que pueden ayudarte y encontrarás cada una de ellas explicada en los distintos capítulos.

¡PONTE EN MARCHA!

18 ESTRATEGIAS PARA CONSTRUIR UNA AUTOESTIMA SALUDABLE Y POSITIVA

(1) EMPIEZA A CONOCERTE.

 NO TE COMPARES, ¡ERES ÚNICO! (2)

(3) RECUÉRDATE CADA DÍA CUÁNTO TE QUIERES.

 CREE EN TUS CUALIDADES. (4)

(5) PRACTICA UN DEPORTE, ACTIVIDAD O *HOBBY* NUEVO.

 RESPETA A LOS DEMÁS. (6)

(7) ENTIENDE Y ACEPTA TUS PUNTOS DÉBILES.

 CAMBIA LA FORMA DE MIRAR LAS COSAS. (8)

 **9** RECUERDA QUE NADIE ES PERFECTO.

 PON TU ESFUERZO EN AQUELLO QUE DEPENDE DE TI. **10**

11 APRENDE A DECIR «NO».

 SÉ FIEL A TI MISMO, MANTÉN TUS VALORES. **12**

13 RECONOCE TUS ERRORES Y PIDE PERDÓN.

 CELEBRA TUS LOGROS, POR PEQUEÑOS QUE SEAN. **14**

15 SIGUE ADELANTE A PESAR DE LOS OBSTÁCULOS.

 CONSERVA TUS SUEÑOS. **16**

17 PON ENTUSIASMO EN TODO LO QUE HACES.

 CONVIÉRTETE EN UN OPTIMISTA REALISTA. **18**

HABILIDAD:
ENTIENDE TUS EMOCIONES

OBJETIVO:

Pon nombre a la emoción que sientes y trata de comprender por qué te sientes así.

ACTIVIDAD 1:

¿Cómo te sientes ahora mismo? Describir tu emoción puede ayudarte a entender lo que sientes.

CONTENTO   SATISFECHO   PREOCUPADO

DESANIMADO   SORPRENDIDO   TRISTE

AVERGONZADO

ENFADADO O FRUSTRADO

EMOCIONADO

ABURRIDO O CANSADO

TRANQUILO

ASUSTADO

AHORA ME SIENTO...

_____

_____

_____

ANTES ME HE SENTIDO...

_____

_____

_____

ACTIVIDAD 2:

Piensa en tu día a día: ¿qué actividades te hacen sentir bien y cuáles te hacen sentir mal?

¿QUÉ ME HACE SENTIR BIEN?

_____

_____

_____

- Si tu emoción es **positiva**, significa que estás viviendo un buen momento, ¡disfruta de él!

¿QUÉ ME HACE SENTIR MAL?

_____

_____

_____

- Si tu emoción es **negativa**, significa que hay algo que te preocupa. ¡Trata de entender qué te puede estar pasando!

ES IMPORTANTE QUE SEPAS QUE...

- Comprender tus emociones no es fácil. Cuanto más **practiques** esta habilidad, más sencillo será explicar cómo te sientes en cada momento.

- Estar siempre feliz y contento es imposible. En la vida existen momentos buenos y malos, situaciones más tranquilas y otras más estresantes. Por eso sentirás **emociones agradables** y, también, **desagradables**. ¡Es normal, le ocurre a todo el mundo!

MARÍA

María sale de la escuela arrastrando su mochila.

—¡No me gusta cómo soy! —grita cuando nadie la oye.

Es la primera vez que lo dice en voz alta, aunque no es la primera vez que lo piensa.

—¡Ojalá fuera diferente!

A María no le gusta su manera de ser porque cree que es demasiado tímida. Le cuesta hablar en público, participar en clase y conocer a gente nueva.

Esta misma mañana, el profesor le ha hecho una pregunta y ella, aunque sabía la respuesta, ¡no ha sido capaz de decirla en voz alta! Se ha quedado parada, balbuceando, sin palabras. Algunos compañeros se han reído.

—**¡Qué vergüenza he pasado!** —le cuenta con los ojos enrojecidos a su madre.

—A todos nos ha pasado eso alguna vez —le dice su madre acariciándole el pelo.

Pero María no está de acuerdo. Piensa en su compañera Sofía, que siempre contesta bien las preguntas del profesor.

—¿Por qué yo no puedo ser como ella? —se lamenta.

Cree que Sofía es lista, extrovertida y muy guapa.

—¡Y tampoco me gusta mi cuerpo! ¡Ojalá fuera guapa como ella! —insiste, desanimada.

María opina que sus piernas son demasiado cortas, sus brazos demasiado largos, sus ojos demasiado pequeños, sus dientes demasiado grandes... Recuerda el día en que su tía la puso frente al espejo y le dijo que nombrara una parte de su cuerpo que le gustara, y, por más que lo intentó, no logró señalar ninguna.

Está convencida de que sería mucho más feliz si fuera tan bella como Sofía, si sacara tan buenas notas como su hermana Pilar, si tuviera tantos amigos como su vecina, si tuviera tantas cosas como su prima o si...

—¡Si yo no fuera yo! —exclama—. ¿Por qué no se me ha ocurrido antes?

Y desde ese momento, María deja de hablar, así nunca más se equivocará. Deja de contestar las preguntas del profesor, así los demás no podrán burlarse. Deja de sonreír, así nadie podrá ver sus dientes. Deja de correr para que no se fijen en sus piernas. Y deja de mirar a las personas de su alrededor para que nadie pueda ver la inseguridad en sus ojos.

María deja de hacer todas y cada una de las cosas que suele hacer para conseguir no ser María.

Los días pasan y se convierte en una sombra. Ahora es una persona que sigue a los demás sin hablar, sin reír, sin correr, sin mirar.

Pero todavía no es feliz. ¡Incluso se siente mucho peor que antes!

—No lo entiendo —se dice.

Cuando su profesor se da cuenta, se acerca a ella:

—María, ¿qué te pasa?

—No me gusta cómo soy. Creo que me falta algo —le responde agachando la cabeza—. **Los demás tienen cualidades que yo no tengo.**

—¡Ojalá pudieras verte a través de los ojos de las personas que te quieren! —le dice el maestro, situándose a su altura—. ¡Te aseguro que te gustarías mucho!

María se encoge de hombros, pero su profesor no se da por vencido:

—¿Por qué no empiezas escribiendo una lista con todas las cosas buenas que los demás dicen de ti?

Le parece una gran idea. Así que, esa misma noche, se sienta a escribir.

No está segura de por dónde empezar. Pero sabe que tiene que intentarlo.

*MIS **PADRES** DICEN QUE... AYUDO MUCHO EN CASA.

*MI **HERMANO** DICE QUE... SE RÍE MUCHO DE MIS CHISTES.

*MI **ABUELA** DICE QUE... DOY LOS MEJORES ABRAZOS DEL MUNDO.

*MI **TÍA** DICE QUE... COCINO UNAS GALLETAS DELICIOSAS.

*MI **MEJOR AMIGA** DICE QUE... SE LO PASA BIEN CONMIGO.

*MI **PROFESOR** DICE QUE... LE GUSTA CÓMO SOY.

La lista acaba siendo más larga de lo que creía.

—¡Tal vez yo también tenga algunas cosas buenas! —se dice.

Ahora se siente un poco mejor. Empieza a reflexionar sobre las cosas que le gustan de ella y se pone a escribir de nuevo.

—Me gusta mi... —duda un instante— sonrisa —escribe.

Y, como si fuera magia, las palabras van llenando la lista.

> *ME GUSTA... MI SONRISA.
> *ME GUSTA... QUE SOY AMABLE.
> *ME GUSTA... QUE PRESTO ATENCIÓN EN CLASE.
> *ME GUSTAN... MIS OREJAS.

La semana siguiente se lleva sus notas a todas partes. Cuando alguien hace algún comentario positivo sobre ella, lo apunta. Y, lo más importante, cuando se da cuenta de algo que le gusta de sí misma, lo anota rápidamente para que no se le olvide.

En un mes, no hay espacio en sus notas para ninguna palabra más.

—Eres única —le dice su madre sonriendo.

Por fin María se siente feliz de ser ella. Aunque otros respondan mejor las preguntas del profesor, entiendan las matemáticas a la primera, tengan más amigos, sean más altos o tengan unos ojos más grandes… **¡Ella es ÚNICA!**

—**No debo compararme con nadie porque todos somos diferentes.**

María sonríe. Recuerda lo bueno que hay en ella y empieza a quererse.

ERES ÚNICO

Eres ÚNICO.

Estas dos palabras, tan fáciles de leer, pueden ser muy difíciles de creer. Por eso te las repito: ERES ÚNICO. **Ser único NO está mal.** ¡Todo lo contrario! ¡Es muy bueno! Cuando eres único, te conviertes en alguien irrepetible, original y especial.

Eres IRREPETIBLE.

En todo el mundo, **no existen dos personas iguales.** Tienes un cuerpo diferente, una mente distinta y una personalidad que te define.

¿SABÍAS QUÉ?
En el mundo existen más de ocho mil millones
de personas (eso son muchísimos ceros: ¡8.000.000.000!).
Y cada una de estas personas es **única**, ¡también tú!

Eres ORIGINAL.

SER AUTÉNTICO es **muy valioso**. No trates de ser como los demás.

¡ESTO NO AYUDA A TU AUTOESTIMA!

COPIAR TODO LO QUE HACEN LOS DEMÁS

☹ SI HACES EXACTAMENTE LO MISMO QUE HACEN LOS DEMÁS, DICES EXACTAMENTE LO MISMO QUE DICEN LOS DEMÁS Y PIENSAS EXACTAMENTE LO MISMO QUE PIENSAN LOS DEMÁS —INCLUSO CUANDO HARÍAS, DIRÍAS Y PENSARÍAS OTRAS COSAS—, ACABARÁS DESAPARECIENDO.
AL FINAL, ¡NO SABRÁS NI SIQUIERA QUIÉN ERES!

☺ PUEDES INSPIRARTE EN LOS DEMÁS PARA ENCONTRAR TU PROPIO ESTILO, PERO NO LO COPIES TODO, ¡DEJA MARGEN A TU IMAGINACIÓN! LA SEGURIDAD EN TI MISMO SOLO LA ENCONTRARÁS SIENDO AUTÉNTICO.

Eres ESPECIAL.

Tus emociones, gustos e intereses son importantes. **Expresa siempre lo que sientes**, sin hacer daño a nadie.

CÉNTRATE en lo que te hace ser ÚNICO.

Presta atención a tu **identidad personal** y descubre la riqueza que hay en ti.

¿SABÍAS QUÉ?

La **identidad personal** es el conjunto de rasgos y características de una persona que la hacen única, irrepetible y original.

¡ATRÉVETE A CONTESTAR!

→ ¿Qué es lo que te hace ser único?

_____

_____

_____

¡Eres GENIAL tal y como eres!

No tengas miedo a ser diferente porque **ser diferente te hace único**.

¡PRUÉBALO!

1. EMPIEZA A CONOCERTE.

Coge un papel y córtalo en diez tiras. En cada una de ellas, anota una característica que te describa.

Una vez que las tengas listas, ordénalas comenzando por la que te guste más hasta la que te guste menos.

Si quieres, puedes hacer este ejercicio con tu familia o con tus amigos. Entre todos, descubriréis que **las características de cada uno son distintas y únicas.**

SÉ TÚ MISMO

Las diferencias pueden ASUSTAR a algunas personas.
Cuando tienes una personalidad, un cuerpo o un comportamiento distinto al de la mayoría, puede que los demás se burlen de ti y **te hagan sentir un «bicho raro».** Pero ¡no les hagas caso!

Nunca te avergüences de ser TÚ MISMO.
No ocultes **tu físico ni tu manera de ser,** tampoco escondas tus opiniones ni tus intereses. **¡TÚ eres TÚ!** NO ERES UNA COPIA de nadie ni lo que los otros quieren o esperan que seas. No seas alguien que no eres.

No vas a GUSTAR a todo el mundo ni tampoco vas a CAER BIEN a todos y, ¡no pasa nada!

Si siempre **tratas de agradar a los demás**, dejarás de ser tú mismo. En lugar de estar pendiente de aquellas personas a quienes no les gustas, rodéate de personas que te quieren, te aceptan y te valoran. Tu familia, amigos y profesores **te aman por ser quien eres**.

¡ATRÉVETE A CONTESTAR!

→ ¿Crees que puedes gustar a todo el mundo?

_____

_____

_____

COMPARARTE CONSTANTEMENTE CON LOS DEMÁS

☹ SI TE COMPARAS CONTINUAMENTE CON LA GENTE, TE SENTIRÁS MUY MAL. SOLO TE FIJARÁS EN LO BIEN QUE HACEN LAS COSAS LOS OTROS Y, POR LO TANTO, ¡LO MAL QUE LAS HACES TÚ! LLEGARÁ UN MOMENTO EN EL QUE CREERÁS QUE LOS DEMÁS SON MEJORES QUE TÚ ¡EN TODO! Y TE SENTIRÁS INFERIOR ¡EN TODO!

☺ TODOS SOMOS DIFERENTES. LO QUE TÚ VALES NO DEPENDE DE SI LOS OTROS HACEN LAS COSAS MEJOR O PEOR.

Si todos hiciéramos exactamente lo mismo, sería muy ABURRIDO.

No pierdas el tiempo intentando parecerte al resto. **Las diferencias** ENRIQUECEN a las personas.

Eres LIBRE de ser quien tú quieras siempre y cuando RESPETES a los que te rodean y a ti mismo.

No eres inferior ni superior a los otros, eres simplemente tú. Y **¡tú vales mucho!**

¡PRUÉBALO!

2. NO TE COMPARES. ¡TÚ ERES ÚNICO!

Pide a tus padres una caja que ya no usen.

Escribe en una etiqueta: «Comparaciones con los demás» y pégala en la caja.

Cada vez que te des cuenta de que te estás evaluando según cómo se comportan los otros, escríbelo en un papel y guárdalo dentro de la caja.

Al final de la semana, saca cada uno de los papeles que has metido dentro. ¿Cómo te sientes cuando los lees? ¿Qué piensas de ti mismo?

Si te sientes mal, deja de compararte porque ¡siempre habrá alguien que te parecerá mejor!

Si te comparas con alguien, que sea solo para motivarte a mejorar.

¡YO SOY YO! NO ME AVERGÜENZO DE SER YO MISMO.

QUIÉRETE

Una buena AUTOESTIMA te ayudará a SENTIRTE BIEN.
Estar a gusto con la persona que eres te permitirá quererte. Si aprendes a quererte, serás mucho MÁS FELIZ.

¿SABÍAS QUÉ?
La palabra **AUTOESTIMA** está
compuesta por **AUTO** que significa «uno mismo»
y **ESTIMA** que significa «amor». Por lo tanto,
autoestima significa «amor por uno mismo».

→ Escribe los nombres de todas aquellas personas a las que quieres y que son importantes para ti.

_____

_____

_____

_____

_____

→ ¿Tu nombre está escrito en la lista anterior? ¿Por qué?

_____

_____

_____

_____

_____

QUERERTE A TI MISMO ES DARTE EL AMOR Y EL RESPETO QUE TE MERECES.

Recuerda que eres una persona irrepetible, original y especial, así que te mereces mucho amor, ¡empezando por tu amor propio!

¡QUIÉRETE MUCHO!

¡PRUÉBALO!

3. RECUÉRDATE CADA DÍA CUÁNTO TE QUIERES.

Igual que quieres a tus padres, a tus hermanos, a tus abuelos, a tus amigos, ¡a tus mascotas!, debes preguntarte: «¿Me quiero?».

Son muchas las veces que decimos «¡te quiero!» a los otros, pero **¿y a nosotros mismos?**

Intenta decirte «me quiero» cada día. Todos, sin excepción.

PARA RECORDAR...

HABILIDAD: CONÓCETE MEJOR

OBJETIVO:

Averigua más cosas sobre ti.

¿SABÍAS QUÉ?

Si tienes la **autoestima baja** puede ser que
NO sepas lo que te gusta y lo que no. **¿Por qué?**

- Nunca has encontrado el momento para pensarlo.

- Estás rodeado de gente que opina de todo y no te deja pensar.

- No crees que tus gustos sean importantes.

ACTIVIDAD 1:

Reflexiona y termina de escribir cada una de estas frases:

✔ **Mi color favorito es**

....

✔ Mi número favorito es

....

✔ Mi animal favorito es

....

✔ Mi comida favorita es

....

✔ La comida que menos me gusta es

....

✔ Mi lugar favorito es

....

✔ Mi actividad o deporte favorito es

....

✔ Lo que menos me gusta hacer es

....

✔ Mi clase favorita es

....

✔ La clase que menos me gusta es

....

✔ Mi *hobby* favorito es

....

✔ Mi libro favorito es

....

✔ Mi película o serie favorita es

....

✔ Mi canción favorita es

....

✔ Mi estación del año favorita es

....

✔ Cuando tengo tiempo me gusta

....

✔ Disfruto pasando el rato con

....

✔ Los fines de semana me gusta

....

✔ Durante las vacaciones me apetece

....

ES IMPORTANTE QUE SEPAS QUE...

- Ahora tienes la edad perfecta para **darte cuenta** de las cosas que te gustan y las que no te gustan.

- No existen dos personas con los mismos intereses en todo porque cada uno es **único**.

- Tus gustos e intereses pueden **cambiar**, ¡estás en una etapa de desarrollo de tu personalidad!

DIÁLOGO INTERNO POSITIVO Y REALISTA... ¡PARA QUERERTE MÁS!

¿SABÍAS QUÉ?

El diálogo interno es la forma
en la que te hablas a ti mismo.
Estás tan acostumbrado a él,
que puede pasarte desapercibido
y no ser consciente de lo que estás pensando.
Si tienes un diálogo interno muy negativo,
trata de cambiarlo por otro
más positivo y realista:

«¡VOY A FALLAR!».
↓
«SI ME ESFUERZO, PUEDE QUE LO CONSIGA».

«¡ME RINDO!».
↓
«LO INTENTARÉ».

«¡NADIE ME QUIERE!».
↓
«MI FAMILIA Y MIS AMIGOS SE PREOCUPAN POR MÍ».

- Soy ÚNICO.

- Me gusta CÓMO SOY, por dentro y por fuera.

- No tengo miedo de SER DIFERENTE.

- Mis emociones, gustos e intereses son IMPORTANTES,

¡como los de los demás!

- NO TRATO de ser quien no soy.

- La gente que me quiere lo hace por CÓMO SOY.

- ES IMPOSIBLE gustar a todo el mundo.

- SOY LIBRE de ser quien yo quiera, siempre que respete a

los demás y a mí mismo.

- NO SOY INFERIOR NI SUPERIOR a los otros, soy

sencillamente yo.

- ¡VALGO MUCHO! Que nadie ni nada me haga creer

lo contrario.

- Si me comparo con alguien, que sea solo para

MOTIVARME a mejorar.

CUESTIONARIO

¿TE QUIERES?

Marca la respuesta con la que te identificas y averigua qué piensas realmente sobre ti.

1. Cuando me miro en el espejo por la mañana:

a) ¡No me gusta nada lo que veo! ¡Desearía ser diferente!

b) A veces me gusto más y otras menos, depende del día.

c) ¡Me encanta lo que veo! Creo que soy único y soy genial así.

d) Sonrío porque sé que ¡soy el mejor del mundo!

2. Cuando tengo tiempo libre:

a) Nunca quiero estar solo. Incluso a veces, con tal de estar acompañado, termino haciendo actividades que no me gustan.

b) Siempre prefiero estar con alguien, aunque si estoy solo acabo entreteniéndome.

c) Me gusta estar con mis amigos, pero también me gusta dedicar algún tiempo solo a mis *hobbies*.

d) Quiero hacer lo que a mí me apetece y ¡nada más!

3. Dedico algún tiempo a pensar en mí:

a) ¡Nunca! Es una pérdida de tiempo.

b) Algunas veces, pero me cuesta.

c) Pienso en cómo soy y en las cosas que me gustan, pero también tengo en cuenta a los demás.

d) Siempre. Solo pienso en mí.

4. Si alguien me dice: «¡Eres maravilloso!»:

a) No me lo creo.

b) Pienso que tal vez lo hace para quedar bien.

c) Le doy las gracias y sonrío.

d) Le digo: «¡Ya lo sé!».

5. Si alguien me dice: «¡Quiero ser tu amigo!»:

a) Es porque está solo y no ha encontrado a nadie.

b) Tal vez diga la verdad y quiera estar conmigo.

c) ¡Claro! ¡Nos lo vamos a pasar muy bien!

d) Todo el mundo quiere ser mi amigo.

RESULTADOS: ¡EVALÚA TU AUTOESTIMA!

MAYORÍA DE A:

Está claro que ¡NO TE QUIERES LO SUFICIENTE!

✔ **Aprende a AMARTE.**

Si no aceptas cómo eres, estarás siempre desanimado, porque ¡es imposible cambiarte por otra persona! No puedes cambiarlo todo de ti y transformarte en alguien que NO eres.

Por eso **acepta quién eres**. Tienes muchas cualidades positivas y otras negativas, ¡como todos!

MAYORÍA DE B:

¡EMPIEZAS A QUERERTE!

✔ **No tengas miedo a ser DIFERENTE.**

Estarás contigo toda la vida, así que aprende a amar tu cuerpo y tu manera de ser. Si puedes, cambia aquellas cosas de ti que no te gustan; y si no puedes, acéptalas: **¡nadie es perfecto!**

MAYORÍA DE C:

¡ENHORABUENA! ¡TE QUIERES!

✔ **Eres GENIAL tal y como eres.**
Solo tú y nadie más que tú puede hacerte realmente feliz. Así que **¡quiérete mucho mucho mucho!**

MAYORÍA DE D:

¡CUIDADO! QUERERTE A TI MISMO ES DISTINTO A CREER QUE ERES EL MEJOR.

✔ **Amarte es tan importante como RESPETAR a los demás.**
Si siempre estás repitiendo lo maravilloso que eres, tus amigos pueden terminar hartos y alejarse de ti: **¡nadie quiere sentirse inferior!**

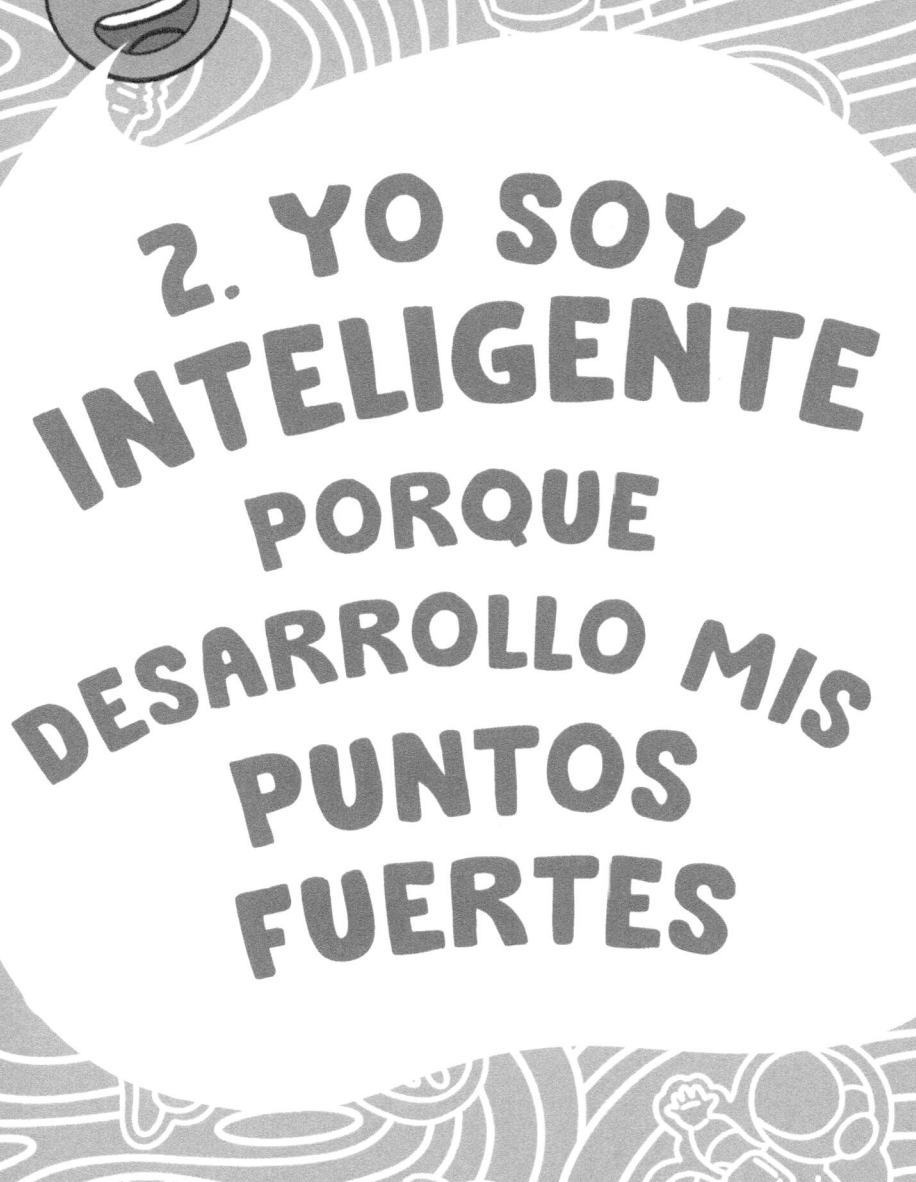

2. YO SOY INTELIGENTE PORQUE DESARROLLO MIS PUNTOS FUERTES

HUGO Y DANIEL

Hugo y Daniel miran hacia el suelo mientras sus compañeros y, en especial, Paula, dan saltos de alegría y ríen superfelices.

—Daniel, ¿has aprobado esta vez? —le pregunta Paula en tono de burla—. ¿Y tú, Hugo?

Ninguno de los dos contesta. Han estudiado muchísimo para el examen de Inglés y, aun así, han suspendido.

—Creo que los idiomas no son lo mío —suspira Daniel.

—¡Tampoco lo mío! —exclama Hugo.

Los dos odian estudiar Inglés. Detestan los exámenes y, aún más, el día que llegan las notas.

—**¡Tenemos que descubrir en qué somos buenos y qué nos gusta!** —dice Daniel.

—Igual no somos buenos en nada... —susurra Hugo, cabizbajo.

De repente, a Daniel se le ocurre una idea:

—Cada mes intentaré hacer algo nuevo y así podré ver qué se me da bien. ¿Te apuntas?

—No. Prefiero quedarme en casa —se excusa Hugo.

Al mes siguiente, Daniel, con el apoyo de sus padres, se apunta a taekwondo. Un día, en el colegio, aparece con el brazo inmovilizado en un cabestrillo.

—¿Qué te ha pasado? —exclama su amigo al verle.

—Intenté romper una tabla con la mano... —comenta Daniel, avergonzado—. Pero, como ves, me salió mal.

A pesar del resultado, Daniel continúa decidido a descubrir qué se le da bien.

—**¡En algo tengo que ser bueno!** —insiste.

Mientras se recupera, Daniel lo intenta con otras actividades. Prueba a dibujar manga, a escribir una novela, a hacer fotografías, a editar vídeos, incluso ¡a cocinar!, pero parece que nada se le da bien.

Cuando por fin su brazo se cura, acude a una clase de baloncesto.

—¡¿Qué te ha pasado?! —exclama Hugo, preocupado, al verle.

—Estábamos jugando cuando, de repente, la pelota salió volando directa hacia mi cara.

Tiene un ojo morado y un corte en la ceja. Sin embargo, continúa con la idea de encontrar para qué vale.

—**¡Descubriré mis puntos fuertes!** —se repite una y otra vez.

Al mes siguiente, Daniel decide probar una clase de canto. De vuelta en el colegio, luce una herida en la pierna.

—Pero ¿te has hecho eso cantando? —pregunta Hugo, atónito.

—Sí, tuve mala pata. Me acerqué a la partitura para leerla mejor y, sin querer, me apoyé demasiado en el atril. Este se partió y se me clavó una varilla.

A pesar de todo, Daniel no se rinde.

—¡Soy fuerte! —se dice una y otra vez.

Lo siguiente que prueba Daniel es ser portero en un partido de fútbol.

Cuando Hugo lo ve, suspira aliviado. Esta vez no parece que se haya hecho daño.

—**¡Ha sido fantástico!** —exclama Daniel, victorioso.

—¿Ganasteis? —pregunta Hugo.

—¡Qué va! Me marcaron diez goles —responde Daniel—. Pero ahora ya sé qué quiero ser...

—¡¿Futbolista?! —le interrumpe Hugo con gran entusiasmo.

—No. Futbolista, no. **¡Quiero ser enfermero!**

—¿Cómo?

Hugo está sorprendido.

—Resulta que cuando estábamos jugando, empezó a llover. El suelo resbalaba tanto que mis compañeros se cayeron y algunos se hicieron daño —explica Daniel—. Ya sabes que a mí me ha pasado lo mismo alguna vez...

—¡Muchas!

—Bueno, pues eso, muchas... Así que he podido ver cómo me curaban las heridas. Cuando el entrenador me pidió ayuda, no dudé en aceptar y me sentí genial haciendo de enfermero, ¡me encantó!

—¿En serio?

—Sí. **Si me llego a quedar en casa, nunca lo hubiese descubierto.** He estado tantas veces en esa situación que sé cómo se sienten las personas que se hacen daño y quiero ayudarlas.

Mientras están hablando, se escucha un fuerte golpe. Paula se ha caído por la escalera y se acercan corriendo.

Su compañera se ha hecho daño. Por suerte, Daniel sabe exactamente qué tiene que hacer.

Paula mira con timidez cómo Daniel le limpia la herida con agua y con jabón y le coloca con cuidado una venda que lleva en el botiquín de su mochila. Desde que ha decidido ser enfermero ya no sale de casa sin él.

—Gracias. No sabía que esto se te daba tan bien —admite.

—**Hasta hace poco, ¡yo tampoco lo sabía!** —confiesa Daniel con los ojos brillantes.

CONOCE TUS PUNTOS FUERTES

TODOS somos BUENOS en algo.

Hay personas que son **más hábiles** que otras aprendiendo idiomas, por ejemplo. También las hay que son muy buenas escribiendo, dibujando o practicando algún deporte. Y, en cambio, hay otras que son las mejores bailando, cantando o tocando un instrumento.

Como ves, **¡hay muchísimas cosas en las que puedes SER BUENO!** Cada una de estas cosas es tu PUNTO FUERTE.

¿SABÍAS QUÉ?
Un **punto fuerte** es aquello que te gusta, se te da bien y hace que el tiempo se te pase volando.

Descubrir tus PUNTOS FUERTES te ayudará a CREER EN TI.

Cuantos más puntos fuertes tengas, más te gustará cómo eres y más útil te sentirás.

¿SABÍAS QUÉ?

Si prestas atención a cuáles son las actividades con las que disfrutas más, descubrirás tus **puntos fuertes**.

- Si te lo pasas muy bien haciendo manualidades, probablemente la creatividad sea tu punto fuerte.
- Si te apasiona el baile, probablemente el sentido del ritmo sea tu punto fuerte.
- Si te gusta mucho la programación informática, seguramente la resolución de problemas sea tu punto fuerte.
- Si te entusiasma escribir, seguramente la imaginación sea tu punto fuerte.

Como ves, ¡existen tantos puntos fuertes como cosas que te gustan!

¡ATRÉVETE A CONTESTAR!

→ ¿Cuáles son tus puntos fuertes?

_____

_____

_____

¡PRUÉBALO!

4. CREE EN TUS CUALIDADES.

Cuando estés animado, haz una lista con todas las cosas que te gustan de ti. Sin mentir ni exagerar.

Cuando estés desanimado, saca la lista y léela. ¡Repásala tantas veces como necesites!

Si te gustas a ti mismo y te tratas como a alguien que te cae bien, serás mucho más feliz.

CONOCER MIS PUNTOS FUERTES ME PERMITIRÁ CREER EN MÍ.

DA LO MEJOR DE TI

Si AMAS lo que haces, te SENTIRÁS BIEN por dentro.
Dedica tiempo y energía a las cosas que te gustan. Verás que estarás mucho más **contento** cuando disfrutas de lo que haces.

¡ATRÉVETE A CONTESTAR!

→ En tu tiempo libre, ¿con qué actividades te lo pasas bien?

_____

_____

_____

_____

_____

Si te GUSTA lo que haces, podrás dar lo MEJOR de ti.
Cuanto **más practiques** y **te esfuerces** en aquello que te divierte, ¡mejor lo harás! Y ¡cuanto mejor lo hagas, mejor te lo pasarás!

¿CÓMO PUEDO DAR LO MEJOR DE MÍ?

1

UN *HOBBY*, DEPORTE O ACTIVIDAD

2

SI ME **GUSTA** ...

3 CUANTO MÁS **PRACTIQUE** ...

4 CUANTO MÁS ME **ESFUERCE**...

5

MEJOR LO HARÉ.

6

CUANTO MEJOR LO HAGA,
MEJOR ME LO **PASARÉ**.

NO HACER NADA

 SI DEDICAS TU TIEMPO LIBRE A NO HACER NADA, TERMINARÁS SINTIÉNDOTE MAL CONTIGO MISMO. PENSARÁS QUE TODO SE TE DA MAL. PERO ¡LO QUE PENSARÁS Y SENTIRÁS NO TIENE QUE VER CON LA REALIDAD!

———————✦———————

☺ NO PUEDES DECIR QUE NO ERES BUENO EN NADA SI NO HAS PROBADO SUFICIENTES ACTIVIDADES COMO PARA SABERLO. ¡ATRÉVETE A PROBAR COSAS NUEVAS! SENTADO EN EL SOFÁ ES DIFÍCIL QUE DESCUBRAS LO QUE TE APASIONA. AUNQUE NO TENGAS GANAS, AUNQUE TE CUESTE, AUNQUE NO ESTÉS MOTIVADO..., ¡MUÉVETE!

¡PRUÉBALO!

5. PRACTICA UN DEPORTE, ACTIVIDAD O *HOBBY* NUEVO.

Cada trimestre, prueba algo distinto que no hayas hecho antes.

Si después de probarlo te das cuenta de que no te gusta, no te des por vencido: ¡puede que no te entusiasme a la primera!

Sin embargo, si ves que después de practicar varias veces continúas sin pasártelo bien, cambia de actividad. **No sabrás qué es lo que realmente te gusta hasta que no lo experimentes.**

CUANTO MÁS PRACTIQUE Y ME ESFUERCE EN AQUELLO QUE ME GUSTA, MEJOR LO HARÉ.

TÚ VALES MUCHO

La CONFIANZA nace dentro de ti.

Si tú mismo no te fijas en las cualidades que tienes ni en las cosas que haces bien, necesitarás que los demás lo hagan. Y, si no te valoran, tú tampoco te valorarás. No dejes que eso ocurra: ¡tú vales mucho, digan lo que digan!

¡ATRÉVETE A CONTESTAR!

→ ¿Para estar bien, necesitas que los demás digan siempre cosas buenas de ti?

_____

_____

_____

_____

_____

_____

ESTAR SIEMPRE PENDIENTE DE LA OPINIÓN DE LOS DEMÁS

☹ SI TE PREOCUPA MUCHO LO QUE PIENSAN LOS OTROS, SI DEJAS DE HACER COSAS POR EL «QUÉ DIRÁN», SI TIENES MUCHO MIEDO DE HACER EL RIDÍCULO..., ESTARÁS MUY ANGUSTIADO Y ¡DEJARÁS DE VIVIR TU VIDA PARA VIVIR LA DE LOS DEMÁS!

☺ NO PARALICES TU VIDA POR LOS DEMÁS. ESCUCHA LO QUE TE DICEN, TEN EN CUENTA SU OPINIÓN, PERO, POR ENCIMA DE TODO, PRESTA ATENCIÓN A LO QUE TÚ SIENTES.

Si quieres tener una autoestima SALUDABLE y POSITIVA, habla bien de ti.

Reconoce lo que haces bien y di lo que te gusta de ti. Mantén una **imagen positiva** de ti mismo, pero ¡sin mentir ni exagerar!

Saber LO QUE VALES NO quiere decir que seas una persona CREÍDA.

Conocer en qué eres bueno **no** tiene nada que ver con pensar que eres el **mejor**.

¡ESTO NO AYUDA A TU AUTOESTIMA!

PENSAR QUE ERES MEJOR QUE TODO EL MUNDO

☹ SI NECESITAS COMPARARTE CON LOS DEMÁS Y PENSAR QUE ERES SUPERIOR A ELLOS, TIENES UN PROBLEMA: ¡NUNCA PODRÁS SER FELIZ! ¿POR QUÉ? ¡PORQUE ES IMPOSIBLE SER SIEMPRE EL MEJOR EN TODO!

☺ TE TIENES QUE SENTIR BIEN CONTIGO MISMO POR CÓMO ERES, NO PORQUE ERES «MÁS» QUE OTRO.

¿SABÍAS QUÉ?

El mundo en el que vives es **diverso**.
Cada persona es diferente, ya sea en apariencia física, personalidad, habilidades o intereses. Nadie es superior o inferior. Sencillamente, cada persona es única y eso ya la hace especial.

¡PRUÉBALO!

6. RESPETA A LOS DEMÁS

Anima a tus compañeros y a tu familia a crear un collage personal.

Cada uno debe buscar imágenes, palabras o símbolos recortados de revistas o buscados de internet que le representen: tareas que se le dan bien, actividades que le gusta hacer, lugares a los que ha ido, personas a las que admira, etc. Al terminar, poned vuestro nombre detrás y colgad el collage donde queráis.

Jugad a adivinar de quién es cada imagen, palabra o símbolo.

El respeto se basa en reconocer y valorar las características únicas de cada persona.

PARA RECORDAR...

CONOCER MIS PUNTOS FUERTES ME PERMITIRÁ CREER EN MÍ.

CUANTO MÁS PRACTIQUE Y ME ESFUERCE EN AQUELLO QUE ME GUSTA, MEJOR LO HARÉ.

¡YO VALGO MUCHO!

HABILIDAD: GANA SEGURIDAD EN UN ÁREA

OBJETIVO:

Identifica en qué tema eres un experto o te gustaría convertirte en un experto.

> ## ¿SABÍAS QUÉ?
> Un **tema de interés** es algo por lo que
> tienes mucha curiosidad y deseas aprender y saber más.
> ¡Es un área de conocimiento que te motiva!

ACTIVIDAD:

Hay personas que lo saben todo sobre los perros, los caballos, las plantas, los dinosaurios, los planetas, los coches o la moda. Cada uno tiene un tema de interés favorito. ¿Cuál es el tuyo?

YO SOY UN EXPERTO (O ME QUIERO CONVERTIR EN UN EXPERTO) EN:

....

....

....

....

ES IMPORTANTE QUE SEPAS QUE CUANDO TE APASIONA UN TEMA...

- Poco a poco ganarás **seguridad**, porque tendrás mucho conocimiento sobre una cuestión concreta.

- Te ayudará a **desconectar** de tu día a día.

- Te sentirás bien contigo mismo porque te sentirás **útil**.

¿SABÍAS QUÉ?
Sentirte **útil** ayuda a que tengas una mejor autoestima. Cuando te sientes útil, crees que siempre puedes aportar algo y te consideras capaz de hacer cosas por ti mismo.

DIÁLOGO INTERNO POSITIVO Y REALISTA... ¡PARA VALORAR QUIÉN ERES!

¿Cómo te hablas a ti mismo?
¡Intenta ser más amable!

- Tengo muchas CUALIDADES.
- Puedo ser BUENO en muchas cosas.
- Me GUSTA cómo soy.
- DISFRUTO haciendo actividades que me gustan.
- Soy CAPAZ de hacer cosas por mí mismo.
- Creo que siempre puedo APORTAR algo.
- Me ENCANTA aprender.
- VALGO MUCHO, ¡digan lo que digan!
- COMPRENDO que es imposible ser mejor que otro en todo.
- Sé que cada persona es ÚNICA y ESPECIAL a su manera.

CUESTIONARIO
¿CÓMO TE LO PASAS BIEN?

Marca con una X las actividades con las que disfrutas y que te ayudan a sentirte mejor.

○ **Practicar un deporte: fútbol, baloncesto, balonmano, voleibol, natación, tenis, pádel, hockey, atletismo, artes marciales, gimnasia, patinaje, escalada, esquí, surf, kayak, yoga u otro**_____.

○ Montar en bicicleta, patinete o monopatín.

○ Caminar por la montaña, el campo o la playa.

○ Salir a pasear.

○ Escuchar música.

○ Cantar o bailar.

○ Componer una canción.

○ Tocar un instrumento musical: piano, guitarra, violín, batería, saxofón u otro_____.

○ Hacer teatro.

○ Realizar manualidades.

○ Leer un libro, una revista, un cómic o un manga.

○ Dibujar o pintar.

○ Escribir.

○ Programar.

○ Hacer bricolaje.

○ Practicar caligrafía.

○ Aprender un idioma.

○ Cocinar.

○ Hacer fotografías, grabar vídeos o editarlos.

○ Tejer o coser.

○ Hacer puzles.

○ Practicar papiroflexia.

○ Construir maquetas.

O Coleccionar cosas.

O Estar con animales.

O Dedicar tiempo a la jardinería.

O Hacer experimentos de ciencia.

O Jugar a juegos de mesa.

O Pasar tiempo con la familia o los amigos.

O Compartir experiencias con los compañeros

de una asociación artística, deportiva, de montaña

u otra _____.

O Ir al cine o a un museo.

O Viajar.

O Hacer voluntariado.

O Ver series o películas (con un límite de tiempo).

O Jugar a videojuegos (con un límite de tiempo).

O Otro_____.

RESULTADOS: ¿CÓMO TE LO PASAS BIEN?

MÁS DE 5:

¡FENOMENAL! ESTÁ CLARO QUE TIENES MUCHOS *HOBBIES* Y ESTÁS ENTRETENIDO.

✔ **Seguro que disfrutas y aprendes con un montón de cosas.**

Además, verás como **descubres puntos fuertes** que ¡no sabías que tenías!

ENTRE 3 Y 5:

¡MUY BIEN! TIENES DISTINTOS *HOBBIES*.

✔ **Cada hobby te ayudará a desconectar, tener paciencia, ser creativo y, sobre todo, ver qué cosas se te dan bien.**

Además, **si puedes compartir** algunos de ellos con otras personas, ¡será mucho más divertido!

MENOS DE 2:

¡CUIDADO! TE CUESTA ENCONTRAR MÁS DE UN *HOBBY.*

Si durante tu tiempo libre estás sentado y no realizas actividades, **acabarás aburrido y desanimado** porque no encontrarás nada que se te dé bien.

✔ **Habla con tus padres para que te dejen probar diferentes actividades hasta descubrir aquello que realmente te gusta.**

Si, por el contrario, tienes tantas obligaciones en tu día a día que sientes que no tienes tiempo libre para hacer lo que te gusta, también **estarás muy decaído**.

✔ **Habla con tus padres para encontrar un espacio para tus *hobbies*.**

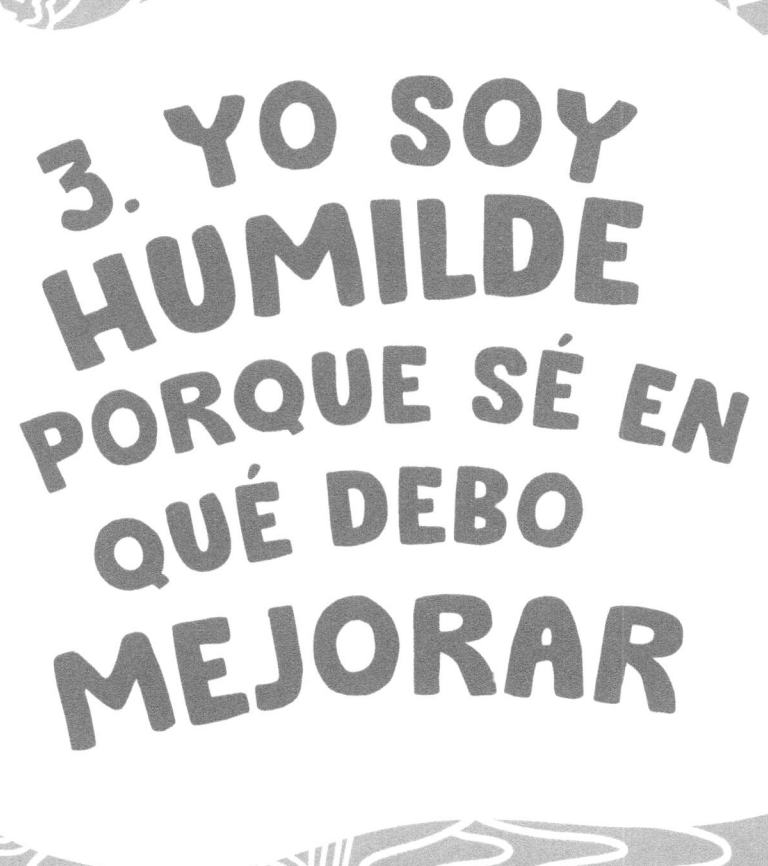

3. YO SOY HUMILDE PORQUE SÉ EN QUÉ DEBO MEJORAR

DANIELA

«¿Quieres ir al cine conmigo?».

Daniela no se lo puede creer. Se frota los ojos y lee otra vez con atención el mensaje que aparece en la pantalla del ordenador.

«¿Quieres ir al cine conmigo?».

Daniela está perpleja. Mira a su alrededor. Sus compañeros de la extraescolar de Informática y Programación siguen concentrados en la tarea que ha indicado el profesor y, por suerte, no se han dado cuenta del mensaje.

—No puede ser para mí —se repite una y otra vez—. Álvaro se ha equivocado de persona.

Intenta concentrarse de nuevo en la tarea. Ella siempre es una de las más rápidas en terminar. Pero esta vez no es capaz de centrarse. Aparta la vista del ordenador y, sin que nadie la vea, mira hacia donde está sentado Álvaro.

—**Es imposible que alguien se fije en mí** —suspira, convencida.

Y justo en ese momento, Álvaro la mira, le sonríe y le guiña un ojo.

—¡Ahí va! —se sorprenden algunos de sus compañeros.

Daniela se ha emocionado tanto que, al girarse, ha dado un fuerte golpe a la mesa. Las libretas, los bolígrafos y los objetos de sus compañeros vuelan por los aires. Por suerte, los ordenadores no.

Al día siguiente, no aguanta más y decide contárselo a sus amigas Valeria y Martina para ver si ellas entienden por qué un chico como Álvaro se ha fijado en ella. Pero se muestran igual de sorprendidas.

—¿Cómo puede ser que él se interese por ti?

—Bueno, cosas más raras se han visto.

Daniela mira a sus amigas y confiesa:

—¡Yo tampoco lo entiendo!

—**¿Y vas a quedar con Álvaro así vestida?** —le pregunta Martina, con cara de disgusto.

Daniela se queda muda. En ningún momento ha pensado en la ropa que tendrá que ponerse.

—Será mejor que te deje yo mi ropa, que tengo mejor gusto —le dice Martina.

—¿Y vas a ir con esos pelos? —le pregunta Valeria—. ¿Con esas uñas? ¿Con esas gafas?

Daniela no sabe qué responder. Nunca ha tenido una cita y se siente muy insegura.

—Mañana, antes de la cita, venimos a tu casa y te arreglamos, que, si no, tú lo vas a estropear todo.

Daniela se queda en silencio, preocupada: «¿Querrá estar Álvaro conmigo si me presento tal y como soy?».

Al día siguiente, las amigas de Daniela llegan a su casa cargadas de ropa. Y no son las únicas. Su vecino Pablo, que se ha enterado, ha acudido con su enorme maletín de maquillaje.

—Con esta base y estos polvos, no tendrás que preocuparte por los granos.

—¿Tantos tengo?

Pablo afirma con la cabeza. Ha visto un montón de tutoriales de YouTube y está convencido de que sabe lo que tiene que hacer para arreglar la situación.

—¡Hay que taparlo todo! Además, te aplicaré la sombra de ojos, te pondré pestañas postizas, te perfilaré los labios y les daré mucho más volumen.

Durante la siguiente hora, Pablo maquilla a Daniela mientras Valeria y Martina le alisan el cabello y le pintan las uñas.

—¡Ahora a vestirte!

Todos se muestran ilusionados, menos Daniela, que ya empieza a estar cansada.

—¿Es necesario? —pregunta, al ver los zapatos de tacón que le quieren poner.

—La altura es superimportante y tú eres muy bajita —gritan al unísono.

Daniela se acaba vistiendo como sus amigos quieren.

—Postura erguida. Separa los pies. Alza los brazos. Levanta el pecho. Abre los hombros.

Daniela sigue todas y cada una de las instrucciones. **Quiere terminar cuanto antes.**

—¿Ya estamos?

—¿Vas a hablar con esa voz? —le pregunta Martina.

—¿Cómo?

—La voz tiene que sonar más femenina, más aguda —le explica.

—¿Ahora? —pregunta Daniela elevando el tono de su voz de una forma que le parece ridícula.

—Sí. **Ahora no te pareces nada a ti. ¡Estás perfecta!**

Cuando llega al cine reconoce a Álvaro al instante, está de pie junto al estante de palomitas.

—¡Hola! —Intenta sonreírle, pero con tanto maquillaje le resulta difícil hasta gesticular.

—La fiesta es por allí —le dice Álvaro, indicando con la mano una fiesta que hay en la calle.

—Álvaro, soy yo. ¿No me reconoces? Soy Daniela.

—No. —Álvaro niega con la cabeza—. Tú no...

Daniela se queda en silencio. Álvaro la mira de arriba abajo dos veces.

—Estás rara. No te reconozco.

—Soy yo —insiste Daniela, intentando usar el tono de voz que le han enseñado.

—¿Qué te pasa en la voz?

Daniela no sabe qué responder: «¿Cómo te explico que llevo más de tres horas **intentando dejar de ser yo misma para gustarte?**».

—Me he cambiado... para... gustarte —confiesa.

—Yo... te propuse quedar por cómo eres... cómo eras... —Álvaro habla nervioso—. A mí no... no me gustas así.

Ahora sí que Daniela está muy sorprendida.

—¿Cómo? ¿Te gusto yo? ¿Mi pelo, mis gafas, mis granos, mis uñas, mi ropa..., mi forma de hablar? ¡Hay tantas cosas de mí que no soporto!

—¡A mí sí que me gustan todas estas cosas de ti! **Todos tenemos algo que no nos gusta** de nosotros mismos. Yo detesto mi pelo y cómo tartamudeo cuando me pongo nervioso.

Daniela no lo puede entender. A ella le encantan los rizos de Álvaro y le parece normal que a veces se atasque en algunas palabras.

—Todos tenemos cosas que queremos mejorar —añade Álvaro—. Una cosa es eso y otra...

Daniela entiende a qué se refiere, así que decide terminar la frase.

—¿... es cambiarme por alguien que no soy?

—Sí. **A mí me parece fenomenal cómo eres tú.**

En aquel momento Daniela se emociona tanto que, como suele hacer, no se fija en lo que la rodea y, sin querer, le da un codazo a una chica que acaba de comprar palomitas.

—Excepto...

—¿Eso? —pregunta Daniela señalando cómo ha quedado el suelo.

—¡Eso sí que quizá puedas mejorarlo! —le responde Álvaro riendo.

—¡Lo intentaré! —Daniela le sonríe mientras recoge las palomitas que han caído y se dirige al bar a comprarle otra caja a la chica.

Por primera vez, **se siente cómoda y segura de sí misma**. Acepta cómo es y sabe en qué tiene que mejorar.

APRENDE CUÁLES SON TUS PUNTOS DÉBILES

Descubrir tus PUNTOS DÉBILES te ayudará a ENTENDERTE.
Todos tenemos cosas que **no nos gustan** de nosotros mismos. Si eres capaz de analizarlas, podrás conocerte mucho mejor.

¿SABÍAS QUÉ?
Un **punto débil** o «defecto» es aquello que no te gusta de ti mismo. Es algo que desearías no tener o que preferirías cambiar.

¡ATRÉVETE A CONTESTAR!

→ ¿Qué puntos débiles crees que tienes?

_____

_____

_____

¿No te gusta tu CUERPO?

Es muy probable que no te gusten algunas partes de tu cuerpo: nariz, boca, ojos, cabello, piernas, brazos, abdomen, manos, dedos, pies... Es normal que a tu edad te sientas inseguro con tu **aspecto** porque te encuentras en una etapa de crecimiento en la que estás cambiando mucho: estás aumentando de estatura, de talla, cambiando de voz, sudando más, te está apareciendo acné o te está saliendo vello en zonas en las que antes no tenías.

¡ESTO NO AYUDA A TU AUTOESTIMA!

ODIAR TU CUERPO

☹ SI AL MIRARTE AL ESPEJO SOLO TE FIJAS EN TUS DEFECTOS, SI TE OBSESIONAS CON UNA PARTE DE TU FÍSICO COMO TU NARIZ O COMO TU CABELLO, SI TE COMPARAS CONSTANTEMENTE CON LOS «CUERPOS IDEALES» QUE SALEN EN LAS REDES SOCIALES..., ¡SOLO VERÁS TUS IMPERFECCIONES!

☺ APRECIA TODO LO QUE TU CUERPO TE PERMITE HACER: RESPIRAR, OBSERVAR, OÍR, TOCAR, SABOREAR, CAMINAR, CORRER, BAILAR, ABRAZAR Y ¡MUCHO MÁS! ¡ES INCREÍBLE! ACEPTA TU CUERPO TAL Y COMO ES.

¿No te gusta tu PERSONALIDAD?

Puede que te disguste alguna característica relacionada con tu FORMA DE SER.

Quizá te han criticado diciéndote que eres demasiado sensible, tímido, miedoso, soñador, activo, terco, exigente, perfeccionista, orgulloso, mandón, torpe... Es importante que **te aceptes tal y como eres** y que también lo hagan las personas que te quieren. Si deseas mejorar tus puntos débiles, primero debes aceptarlos.

> ¿SABÍAS QUÉ?
> Los puntos débiles y las cualidades
> van de la mano, **ambas forman parte de ti**.

¿No te gustan tus HABILIDADES o DESTREZAS?

Puede ser que no se te dé bien alguna actividad o tarea como escribir, dibujar, pintar, practicar un deporte, bailar, cantar, tocar un instrumento, cocinar, aprender un idioma... ¡No te preocupes! ¡No existe **nadie** a quien se le dé bien todo!

> ¿SABÍAS QUÉ?
> Cada persona es especial por tener un tipo
> de **habilidad** y no otra. Por eso existen *hobbies* diferentes
> y trabajos distintos, porque no todas las personas
> son iguales ni a todas les gusta lo mismo.

ODIAR TU FORMA DE SER

☹ SI EN CADA MOMENTO PIENSAS «ODIO TODAS ESTAS COSAS DE MÍ», VIVIRÁS CON MUCHA RABIA INTERIOR. TE HABLARÁS MAL, NO PERMITIRÁS QUE TE PASEN COSAS BUENAS Y NUNCA PODRÁS DAR LO MEJOR DE TI. ¡TÚ MISMO TE CONVERTIRÁS EN TU PEOR ENEMIGO!

☺ REFLEXIONA SOBRE QUÉ PUEDE HABER PASADO PARA QUE TE SIENTAS ASÍ:

- Una experiencia traumática de la que te sientes culpable.

- Vivir acoso escolar y creerte todo lo que han llegado a decirte.

- Tener personas tóxicas y negativas en tu entorno que solo te han señalado lo que hacías mal.

¡EL DESPRECIO QUE HAS VIVIDO POR PARTE DE LOS OTROS NO ESTÁ BIEN! SI HAS VIVIDO ALGUNA DE ESTAS EXPERIENCIAS, UN PSICÓLOGO PUEDE AYUDARTE.

¡PRUÉBALO!

7. ENTIENDE Y ACEPTA TUS PUNTOS DÉBILES.

Escribe todas aquellas cosas que no te gustan de ti.

Coge dos subrayadores de colores distintos: un color será para los «defectos» importantes (son muy incómodos, muy desagradables y te afectan mucho a ti y a los demás) y otro subrayador para aquellos «defectos» pequeños que no son tan molestos.

Cuando termines, si quieres, enséñaselo a las personas en las que confías. Verás que a menudo te dirán que **aquello que para ti es crucial** (por ejemplo, ser demasiado alto, tener el cabello rizado, ser miedoso o bailar mal), **para ellos no lo es, ya que ¡te quieren de todas formas!**

CONOCER MIS PUNTOS DÉBILES ME AYUDARÁ A ENTENDERME.

NO VALE SOLO QUEJARSE

Aprende a VIVIR CON aquellos aspectos tuyos que no te gustan.

Dentro de ti existe un **equilibrio** entre los aspectos positivos y los negativos. Ambos forman parte de quien eres.

¡ESTO NO AYUDA A TU AUTOESTIMA!

SER MUY CRÍTICO CONTIGO MISMO

☹ NO TE QUEDES SOLO CON LO NEGATIVO, PORQUE NO PODRÁS VER QUÉ COSAS BUENAS TIENES Y... ¡SEGURO QUE SON MUCHAS!

☺ ACEPTA QUE CADA UNO TIENE PUNTOS FUERTES Y PUNTOS DÉBILES. Y SON PRECISAMENTE LOS PUNTOS DÉBILES LOS QUE TE HACEN HUMANO.

¡Tú eres MUCHO MÁS que tus puntos débiles!

Las cosas que ves como tus «defectos» son **pequeñas** partes de ti, pero no lo son todo. ¡NO te definen!

¿SABÍAS QUÉ?
No existe **nadie** que no tenga puntos débiles.

¿La chica más popular del instituto? Tal vez no ves sus puntos débiles, pero ella sí los identifica.

¿El chico con un montón de amigos? ¡Tiene sus defectos!

¿La persona que se mete con los demás? Por dentro, ¡es superinsegura!

¡Nadie es perfecto!

POSITIVO

¡ESTO NO AYUDA A TU AUTOESTIMA!

QUEJARSE POR TODO

☹ SI NADA TE PARECE BIEN, HACES LAS COSAS REFUNFUÑANDO, PROTESTAS CONTINUAMENTE, GRUÑES POR TODO, TE ENFADAS FÁCILMENTE... GASTARÁS TU ENERGÍA Y AL FINAL ¡ACABARÁS AMARGADO! Y NO SOLO ESO, SINO QUE ADEMÁS ¡AMARGARÁS A TODOS LOS DEMÁS!

☺ EXPRESAR QUE ALGO NO TE GUSTA O NO TE PARECE BIEN ESTÁ GENIAL. PERO ES MUY DISTINTO A QUEJARSE CONTINUAMENTE Y A NO DISFRUTAR DE NADA. ADEMÁS, SIEMPRE ENCONTRARÁS ALGUNA COSA POR LA QUE PROTESTAR; INTENTA HACERLO SOLO CUANDO SEA REALMENTE IMPRESCINDIBLE.

NEGATIVO

¡PRUÉBALO!

8. CAMBIA LA FORMA DE MIRAR LAS COSAS.

Quejarte un poco te puede ayudar a desahogarte. Pero si te quejas mucho, te frustrarás y harás que los demás terminen ¡hartos de ti!

En lugar de centrarte en lo que te falta o lo que no está bien, trata de observar lo que tienes y sí está bien.

APRENDO A VIVIR CON AQUELLAS COSAS DE MÍ QUE NO ME GUSTAN.

Y AHORA, ¿QUÉ HAGO?

Cada uno de tus puntos débiles es una OPORTUNIDAD para APRENDER.

Siempre que puedas, busca la mejor forma de trabajar tus debilidades. Cada vez que mejores uno de tus puntos débiles, **ganarás confianza**. Trata de buscar soluciones y actúa. Y, si no se te ocurre ninguna, pide ayuda.

¡ATRÉVETE A CONTESTAR!

→ ¿Cómo puedes mejorar tus puntos débiles?

_____

_____

_____

_____

_____

PONER EXCUSAS

☹ LOS PUNTOS DÉBILES NO SON UNA EXCUSA PARA DEJAR DE HACER COSAS:

- «NO ME ESFORZARÉ PORQUE SEGURO QUE NO ME SALDRÁ BIEN».
- «SOY UN DESASTRE, ASÍ QUE NO LO VOY A INTENTAR».
- «NO ESTUDIO PORQUE SEGURO QUE SUSPENDO».

SI PIENSAS ASÍ, ACABARÁS MUY DESANIMADO. Y CUANTO MÁS DESANIMADO ESTÉS, MENOS GANAS TENDRÁS DE INTENTAR CAMBIARLO, Y ASÍ NO CONSEGUIRÁS SALIR DE ESE BUCLE.

☺ SI HAY ALGO QUE POR MÁS QUE LO INTENTAS NO TE SALE, APRENDE UNA FORMA DISTINTA DE AFRONTAR EL PROBLEMA, ESFUÉRZATE MÁS Y, SI NO, PIDE AYUDA. POR MÁS DIFÍCIL QUE SEA, NO DEJES DE INTENTAR HACER AQUELLO EN LO QUE CREES. SI NO LO INTENTAS, NUNCA LO LOGRARÁS.

¿SABÍAS QUÉ?

Tener una buena autoestima **no** quiere decir
que te guste ¡todo de ti! Tampoco significa que
no tengas ningún defecto o que seas perfecto ni,
mucho menos, que seas popular o que gustes
a todo el mundo.

Tener una **autoestima saludable
y positiva** significa también:

- Saber qué no te gusta de ti.

- Reconocer qué cosas no te salen bien.

- Aceptar que a veces te tendrás que esforzar
más que los demás.

- Admitir que no eres perfecto.

Vas a sentirte inseguro ¡muchas veces!
Sentirse así es normal, forma parte del ser humano.
Eso no significa que valgas menos
que los demás.

¡PRUÉBALO!

9. RECUERDA QUE NADIE ES PERFECTO.

Reflexiona sobre todas las cosas que, en la última semana, fueron «imperfectas», es decir, qué momentos fueron diferentes de lo que tú esperabas o deseabas.

Intenta poner el foco en lo curioso y divertido de estos incidentes porque, en realidad, ¡no pasa nada por hacer las cosas diferentes o mal de vez en cuando!

Comparte tu risa con las personas que quieres. Ellos se reirán contigo, no de ti.

Si aprendes a reírte de tus propios defectos, nadie podrá utilizarlos para hacerte daño. Tendrás mucha más confianza porque aceptarás que no todo se te da bien, como todo el mundo, porque ¡nadie es perfecto!

CADA UNO DE MIS PUNTOS DÉBILES ES UNA OPORTUNIDAD PARA APRENDER.

CONOCER MIS PUNTOS DÉBILES ME AYUDARÁ A ENTENDERME.

APRENDO A VIVIR CON AQUELLAS COSAS DE MÍ QUE NO ME GUSTAN.

CADA UNO DE MIS PUNTOS DÉBILES ES UNA OPORTUNIDAD PARA APRENDER.

HABILIDAD:
SUPERA TUS «DEFECTOS»

OBJETIVO:

Intenta encontrar soluciones a cada una de las cosas que no te gustan de ti. Y si no las hay, acéptalas y sigue adelante.

ACTIVIDAD:

1. Escribe en una columna qué «defectos» crees que tienes y, en la otra, ideas para mejorarlos.

2. Pregúntales su opinión a las personas que te quieren.

LO QUE PIENSO YO		LO QUE OPINAN LAS PERSONAS QUE ME QUIEREN	
«Defectos»: Cosas que no me gustan de mí	**Posibles soluciones:** COSAS QUE PODRÍA HACER PARA MEJORARLOS	**«Defectos»:** ¿Qué piensan sobre mis defectos? (Creen que son ciertos, que estoy exagerando, que ellos también los tienen...)	**Posibles soluciones:** ¿Qué creen que puedo hacer para mejorarlos?
Soy muy desorganizado.	Intentar mantener el orden en mi cuarto antes de irme a dormir.	Mi familia cree que es cierto, pero que puedo mejorar.	Cuando llegue a casa de la escuela, sacar las cosas de mi mochila y ordenarlas.

LO QUE PIENSO YO		LO QUE OPINAN LAS PERSONAS QUE ME QUIEREN	
La forma que tiene mi nariz.	Ahora mismo no tiene solución. Así que tengo que aprender a aceptarla.	Mis amigos creen que exagero, ¡cada nariz es diferente!	Mi mejor amiga me comenta que cuando me mire en el espejo, en vez de fijarme solo en mi nariz, observe otras cosas que sí me gusten, como mis ojos o mi boca.
No se me dan bien los idiomas.	Hacer amigos que hablen distintos idiomas para así poder practicar.	Mi tía dice que cuando ella tenía mi edad, también le costaban los idiomas.	El profesor me recomienda dedicar un tiempo cada día a leer o ver un vídeo subtitulado en un idioma extranjero.

LO QUE PIENSO YO		LO QUE OPINAN LAS PERSONAS QUE ME QUIEREN	

DIÁLOGO INTERNO POSITIVO Y REALISTA... ¡PARA ACEPTAR QUIÉN ERES!

¿Cómo te hablas a ti mismo?
¡Intenta ser más amable!

- AMO cómo soy, mis puntos fuertes y mis puntos débiles.
- TODOS tenemos cosas que no nos gustan de nosotros mismos.
- NADIE es perfecto.
- NO QUIERO ser alguien que no soy.
- Tengo que tener PACIENCIA.
- Es NORMAL que a veces me sienta INSEGURO.
- Sé PEDIR ayuda si la necesito.
- No vale QUEJARME continuamente.
- La autoestima NACE dentro de mí.
- No me RINDO. Sigo adelante. Siempre.
- Los puntos débiles FORMAN PARTE de quien soy, pero no me definen.
- Siempre que puedo, busco SOLUCIONES y ACTÚO.

CUESTIONARIO
¿ERES HUMILDE?

¿Aceptas tus puntos débiles? Responde a las siguientes preguntas y averigua cómo te comportas.

1. El profesor te dice que los ejercicios te han salido mal. ¿Qué piensas?

 a) ¡No tiene ni idea! Yo siempre lo hago todo bien.

 b) Creo que se ha equivocado. Todo el mundo me dice que soy muy listo.

 c) Seguramente tiene razón. Escucharé con atención qué dice para saber en qué puedo mejorar.

 d) ¡Qué tonto soy!

2. Has quedado en el primer puesto de un concurso. ¿Qué dices?

 a) ¡Claro! Soy superior a todos.

 b) ¡Ya me lo esperaba! Sabía que iba a ser el primero.

 c) ¡Qué alegría! Me he esforzado mucho para llegar hasta aquí.

 d) No me lo merezco. ¿Se habrán equivocado?

3. Cuando buscas a un amigo...

a) Tiene que ser alguien que admire mis cualidades y sepa que soy el mejor.

b) Quiero que vea solo las cosas positivas que tengo.

c) Me gustaría que sea alguien que me quiera tal y como soy; y que cuando me equivoque, me lo diga.

d) ¿Un amigo? ¿Quién querrá ser mi amigo? Nadie quiere estar con alguien que tenga tantos defectos como yo.

4. Has ido al parque de atracciones. Quieres subir a una atracción, pero tu estatura te lo impide. ¿Qué haces?

a) Me da igual. Voy a colarme y subir. Yo no sigo las normas.

b) Me enfado mucho y quiero que el director del parque de atracciones me explique por qué no puedo subir.

c) Me enfado un poco, pero lo entiendo: ¡pronto creceré!

d) Me quiero ir a casa. Ya no quiero subir a ninguna otra atracción.

5. Te encantaría participar en una competición. Sin embargo, para poder hacerlo, debes esforzarte mucho más que los otros. ¿Qué haces?

a) Me quedo en el sofá. El torneo no sabe apreciar mis cualidades.

b) Me agobio. No pienso esforzarme más que nadie, ¡no es justo!

c) Me lo tomo como una oportunidad para superarme y dar lo mejor de mí.

d) No participo porque sé que no lo conseguiré.

RESULTADOS: ¿ERES HUMILDE?

MAYORÍA DE A:

¡CUIDADO! TE ESTÁS COMPORTANDO COMO UNA PERSONA ARROGANTE Y ESO ¡NO TIENE NADA QUE VER CON TENER UNA BUENA AUTOESTIMA!

✔ **Te comportas como una persona ARROGANTE si...**

• No aceptas tus puntos débiles.

• No ves nunca en qué debes mejorar.

• Exageras tus puntos fuertes.

• Te crees superior a los demás.

• Miras a los otros por encima del hombro.

• No escuchas.

• Exiges tenerlo todo.

• Crees que mereces un trato especial porque tienes más derechos y privilegios que otros.

• No pides disculpas.

SER ARROGANTE

☹ SI SIENTES QUE ESTÁS POR ENCIMA DE LOS DEMÁS Y NO LOS RESPETAS, NO QUIERE DECIR QUE GOCES DE UNA AUTOESTIMA SALUDABLE Y POSITIVA; ¡AL CONTRARIO! NECESITAS DEMOSTRAR QUE ERES SUPERIOR A TODO EL MUNDO PORQUE, DENTRO DE TI, ESTÁS LLENO DE MIEDOS E INSEGURIDADES Y, EN REALIDAD, ¡NO QUIERES QUE NADIE SE DÉ CUENTA!

☺ EMPIEZA A SER MÁS HUMILDE. NO SOLO TE SENTIRÁS MEJOR CONTIGO MISMO, SINO QUE, ADEMÁS, LAS PERSONAS DE TU ALREDEDOR QUERRÁN ESTAR MÁS TIEMPO A TU LADO.

MAYORÍA DE B:

¡CUIDADO! TE ESTÁS COMPORTANDO DE FORMA MUY PARECIDA A UNA PERSONA ARROGANTE (LEE «MAYORÍA DE A»).

✔ **Observa cómo actúas y empieza a cambiar para ser una persona más humilde** (lee «Mayoría de C»).

MAYORÍA DE C:

¡ENHORABUENA! TE COMPORTAS DE FORMA HUMILDE PORQUE SABES QUE TÚ, COMO TODOS, TIENES COSAS BUENAS QUE TE DAN VALOR Y OTRAS NO TAN BUENAS QUE TE PERMITEN APRENDER.

✔ **Te comportas como una persona HUMILDE si...**

• Aceptas tus puntos débiles.

• Sabes en qué tienes que mejorar.

• Estás contento con tus puntos fuertes.

• Tratas a todo el mundo por igual.

• Miras a las personas de tú a tú.

• Escuchas a los otros.

• Agradeces lo que tienes.

• Crees que mereces el mismo trato que los demás. ¡Todos tenemos los mismos derechos y privilegios!

• Sabes pedir perdón cuando te equivocas.

¿SABÍAS QUÉ?
Quien se comporta de forma **humilde** no tiene una autoestima baja. ¡Al contrario! Tiene una autoestima saludable y positiva. Es una persona querida porque, a su lado, sus amigos se sienten escuchados, respetados y comprendidos.

¡CUIDADO! SOLO TE FIJAS EN LO QUE HACES MAL. ¡ESO NO ES SER HUMILDE! ESO ES TENER UNA AUTOESTIMA BAJA Y NEGATIVA.

✔ **Tienes una imagen de ti mismo NEGATIVA si...**

• Exageras tus puntos débiles.

• Piensas que tienes que mejorar en todo.

• No reconoces ningún punto fuerte.

• Consideras que todo el mundo es mejor que tú.

• Miras a los otros como si ellos fueran superiores.

• Escuchas siempre a los otros sin dar nunca tu opinión.

• Crees que no mereces lo que tienes.

• Sientes que tienes que tener un trato inferior a los demás, ya que no tienes los mismos derechos y privilegios: te infravaloras.

• Pides perdón continuamente.

TENER UNA IMAGEN NEGATIVA DE TI MISMO

☹ SI SIENTES QUE ERES INFERIOR A LOS DEMÁS Y NO MERECES NINGÚN RESPETO, NO TE TRATARÁS BIEN; NI AHORA NI NUNCA.

☺ CADA PERSONA DEBE DARSE EL AMOR Y EL RESPETO QUE SE MERECE. TU FAMILIA, TUS AMIGOS O TUS COMPAÑEROS PUEDEN AYUDARTE DICIÉNDOTE LO MUCHO QUE VALES, PERO ERES TÚ QUIEN DEBE RECONOCER TUS PROPIAS CUALIDADES. LA AUTOESTIMA NO VIENE DE FUERA, SINO DE DENTRO, DE TI.

4. YO SOY RESPONSABLE PORQUE TOMO DECISIONES

MÍA

—**Si no te decides, elegiré yo por ti** —le dice su padre desde la cocina.

No es la primera vez que Mía escucha esas palabras. Las ha oído infinidad de veces, aunque hoy le afectan más.

—Has esperado un año para este momento —le dice su madre—, por fin es tu cumpleaños y, además, ¡es sábado!

Mía está feliz de poder pasar un día en familia con sus padres, su abuela y sus dos hermanos mayores. Podrá hacer todas las cosas que le gustan, aunque eso signifique que tenga que tomar algunas decisiones. Por eso está un poco nerviosa.

—¿Qué quieres desayunar? —le pregunta su padre.

Mía lo piensa bien. No quiere equivocarse.

«¿Pido un crep de chocolate? A mi padre le salen deliciosos. ¿O un batido de fresas con nata? ¿O unos cruasanes?». Nota cómo su estómago ruge mientras piensa en las opciones que tiene. «¿Tal vez es mejor algo más saludable? ¿Un bol de fruta cortada?».

Intuye que su padre se está poniendo nervioso y va a elegir por ella. «Él no, seguro que escogerá mal».

—Si no te decides, no tendrás nada —le dice su hermano mayor.

Aún peor. Mía empieza a sudar: «No sé qué hacer».

—Te pasará igual que con tu fiesta de cumpleaños —le
dice su otro hermano—. Como no pudiste decidirte y elegir a qué amigas invitar, al final no se lo has dicho a nadie.

**Todo el mundo sabe que a Mía le cuesta mucho decidir-
se.** Llega tarde al instituto porque no sabe qué ropa ponerse; forma largas colas en las tiendas porque cuando ya está
pagando, se da cuenta de que quiere lo contrario de lo que
ha comprado; tarda mucho en hacer los deberes porque no
está segura de si estará haciéndolos bien; no termina los
exámenes a tiempo porque repasa cien veces lo que escribe;
no disfruta porque su mente siempre está ocupada con mil
dudas que aparecen y no sabe cómo pararlas.

—Mía, todos tomamos decisiones todo el tiempo —le
dice su madre.

Siente que sus padres no la entienden.

—**Escucha tu intuición y decide rápido** —le grita su
padre desde la cocina.

Su padre habla desde su experiencia. Él trabaja como
árbitro de fútbol y está acostumbrado a tomar decisio-

nes. Está convencido de que si Mía presta atención y confía en su instinto, tomará la mejor decisión.

—¡Crep de chocolate!

Mía sonríe. Ha decidido.

Pero, de repente, siente que puede haberse equivocado.

—No, espera... ¡Batido de chocolate! O, mejor, ¡panecillos dulces! No, ¡fruta!

No sabe qué hacer. Otra vez.

—Mía, **usa tu inteligencia y tómate un momento para pensar** —le aconseja su madre.

Su madre es juez y tiene que tomar decisiones difíciles cada día. Por eso cree que si Mía considera los hechos de forma meticulosa, tomará la decisión correcta.

—Mmm...

Mía empieza a pensar.

Sin embargo, pasa media hora y aún no se ha decidido.

—¿Está bueno? —le pregunta su hermano con la boca llena.

Mía come, a su pesar, tostadas con mermelada. No le gustan, pero tampoco sabe decir que no. Su hermano ha elegido por ella.

—¿Qué quieres hacer este sábado? —le pregunta su madre.

—No sé... —Mía siente angustia al pensar que tiene que volver a decidir.

—**Prepara una lista con todas las cosas que te gustaría hacer** —le dice su abuela— y después subraya las más importantes para ti.

Su abuela sabe de lo que habla. Antes de jubilarse trabajaba como secretaria y por eso piensa que si escribe todas las opciones posibles, encontrará la solución a su problema.

Mía redacta una larga lista, pero cuando llega el momento de subrayar las cosas más importantes, ¡no se decide!

—**¡Ya no puedo más! ¡Quiero un día sin decisiones!**

Mía cree que un día sin tener que elegir será un día fácil (y ¡mucho más tranquilo!). Sin embargo, aquel día sin decisiones no termina de la forma que ella esperaba.

Por la mañana, su hermano propone salir al campo en bicicleta. Aunque a Mía no le apetece, en ningún momento plantea otra actividad diferente. Durante el trayecto les pican muchos mosquitos y, además, Mía acaba pinchando una rueda.

A la hora de comer, dudan entre ir a una pizzería o a un restaurante de comida mexicana. Su padre adora los tacos, aunque sabe que a su hija no le gustan tanto. Espera que antes de ir, Mía recapacite y empiece a tomar decisiones. Sin embargo, Mía no lo hace. La comida es tan picante que está convencida de haber perdido el sentido del gusto para siempre.

Por la tarde, su abuela los invita al cine. Les propone a todos escoger. Sus hermanos eligen una película de terror. Sus padres miran a Mía esperanzados, creen que por fin elegirá. Pero Mía se queda callada. Sin duda, pasará noches en vela soñando con todos los monstruos que han aparecido.

Por la noche, su madre le pregunta si quiere que sus tías vengan a cenar. Mía no contesta. Las tías de Mía hablan, gritan y ríen tan fuerte que Mía termina con dolor de cabeza.

—¡No ha sido el día que yo quería! —se lamenta al anochecer.

Sus padres la miran con cariño.

—No dejes que nadie decida por ti. **No tomar una decisión significa también tomar una decisión.**

A partir de aquel día, Mía se propone cambiar. Piensa en lo que le gustaría y empieza a elegir. Algunas veces es tan rápida como su padre; otras, más reflexiva, como su madre; y otras, incluso, hace listas como su abuela. No siempre acierta y, cuando se equivoca, en la siguiente ocasión escoge una opción diferente.

—¡Qué temprano has llegado hoy a la escuela! —le dicen los profesores.

Mía sonríe, eligió qué ropa ponerse la noche anterior.

—¿Quieres venir esta tarde a mi casa? —pregunta Mía a su mejor amiga.

Siente que, por fin, es libre. **Tiene más confianza en sí misma porque sabe que siempre puede elegir.**

—¡Mañana hay examen de Matemáticas! —anuncia el profesor por sorpresa.

O casi siempre.

NO PUEDES CONTROLARLO TODO

En la vida te van a suceder COSAS que NO podrás controlar.

De la misma manera que no puedes saber exactamente qué tiempo hará la semana que viene (si lloverá, saldrá el sol o estará nublado), tampoco puedes conocer algunas de las cosas **que van a suceder.**

Te pasarán cosas que NO dependerán de ti.

Puede ser que te cambies de casa, que tu amigo se mude de ciudad, que tus padres te den un hermano o que el profesor te ponga muchos deberes. ¡Nada de eso **depende de ti** y nada de eso es culpa tuya!

¡Es IMPOSIBLE que lo puedas controlar todo!

Hay muchas cosas que **no puedes decidir**: el barrio en el que vives, a qué escuela vas, quiénes son tus compañeros de clase y, ni mucho menos, qué hacen o dicen los demás.

QUERER CONTROLARLO TODO

☹ SI ESTÁS PENDIENTE DE CADA COSA, INCLUSO DE LOS DETALLES MÁS PEQUEÑOS; SI INTENTAS SABER QUÉ VA A PASAR EN CADA MOMENTO O SI PIDES QUE TODO ESTÉ COMO TÚ QUIERES..., VIVIRÁS SUPERESTRESADO PORQUE ¡EL CONTROL TOTAL NO EXISTE!

☺ LAS COSAS NO SIEMPRE SUCEDEN COMO TÚ QUIERES O DESEAS. LA VIDA ES ASÍ Y ¡NO PUEDES ESTAR SIEMPRE PREPARADO PARA TODO! APRENDE A DIFERENCIAR QUÉ DEPENDE DE TI Y QUÉ NO DEPENDE DE TI.

Aprende a ACEPTAR aquello que NO puedes controlar.

No gastes tu energía en darle vueltas a las situaciones que no dependen de ti. ¡Siempre habrá **imprevistos** que estarán fuera de tu control!

CÉNTRATE en aquello que SÍ PUEDES controlar.

Pon tu esfuerzo en aquellas **experiencias** que sí dependen de ti.

LO QUE NO PUEDO CONTROLAR:	LO QUE PUEDO CONTROLAR:
• El tiempo	• Mi esfuerzo
• Estar enfermo	• Mi entusiasmo
• Mi familia	• Mis metas
• Mis compañeros de clase	• Mi conducta
• Mis profesores	• Cómo trato a los demás
• El pasado	• Los amigos que escojo
• Cómo se sienten los otros	• Buscar ayuda cuando la necesito
• Lo que piensan los otros	• Pedir perdón
• Lo que dicen los otros	• Cuidar de los demás y de mí
• Lo que hacen los otros	• Usar estrategias que me ayuden
• Lo que les gusta o no les gusta a los otros	a mejorar mi autoestima

Cuando piensas en tu vida...

→ ¿Qué cosas crees que dependen de ti?

_____

_____

_____

_____

_____

_____

→ ¿Qué cosas crees que no dependen de ti?

_____

_____

_____

_____

_____

¡PRUÉBALO!

10. PON TU ESFUERZO EN AQUELLO QUE DEPENDE DE TI.

Dibuja tu círculo de control diferenciando, por un lado, las cosas que dependen de ti, y por el otro, las cosas que no dependen de ti.

Cada vez que te desanimes porque algo no te ha salido como tú querías, reflexiona: ¿puedo cambiar esta situación?

● Si es un problema que depende de ti, piensa qué podrías hacer diferente para solucionarlo.

● Si es un problema que no depende de ti, no merece tu preocupación o estrés, ya que no importa lo que hagas, no vas a poder cambiarlo.

Pon tu esfuerzo, energía y tiempo en aquello que está dentro de tu control.

NO PUEDO CONTROLARLO TODO.

ELIGE

Si esperas a estar 100 % SEGURO para tomar una decisión, NUNCA lo harás.

Es imposible saber **con exactitud** qué va a pasar antes de elegir una u otra opción. ¡Nadie conoce el futuro!

¡ESTO NO AYUDA A TU AUTOESTIMA!

NO TOMAR NUNCA DECISIONES

☹ «¿Y SI ME EQUIVOCO?», «¿Y SI EN REALIDAD ES MEJOR LA OTRA OPCIÓN?», «¿Y SI NO PUEDO CAMBIAR MI DECISIÓN?». LOS «¿Y SI...?» PUEDEN BLOQUEARTE Y HACER QUE SEAS INCAPAZ DE ELEGIR.

☺ SOLO SABRÁS SI TOMAS LA DECISIÓN ACERTADA DESPUÉS DE ELEGIR. Y SI TE EQUIVOCAS, REFLEXIONA: «¿TAN TERRIBLE ES EQUIVOCARSE?». TODOS COMETEMOS ERRORES Y LO IMPORTANTE ES APRENDER DE ELLOS.

Solo cuando eliges, CRECES.

Si no te decides, te quedarás exactamente donde estás. No tendrás que esforzarte ni arriesgarte, pero ¡**te perderás** un montón de experiencias!

Saber elegir CUESTA.

Muchas veces te sentirás **inseguro** antes de elegir, ¡es normal! Sentirse incómodo, inquieto o nervioso es desagradable, pero ¡no es peligroso! Además, si prestas atención, también notarás otra emoción más agradable: el entusiasmo por averiguar qué pasará. ¡No te pierdas esa sensación!

Eliges MUCHAS MÁS cosas de las que crees.

Estudiar para un examen, hacer la cama, ordenar la habitación, ayudar a tus padres, cuidar a tus hermanos, quedar con los amigos... ¡**Cada día** decides un montón de cosas!

¡ATRÉVETE A CONTESTAR!

→ ¿Qué cosas decides tú?

_____

_____

_____

¿SABÍAS QUÉ?

Ser **responsable** significa
ser consciente de que estás tomando una
decisión e intentar hacerlo de la mejor
forma posible.

Puedes preguntarte:

- ¿Qué opciones tengo?

- ¿Qué pasa si escojo una opción u otra?

- ¿Cuál es la mejor para mí?
¿Y para los demás?

Ser **responsable** es distinto a:

- ¡Ser perfecto! Las personas responsables
también se equivocan. Pero, en vez de huir
o esconder sus errores, piden perdón
y tratan de solucionarlo.

- ¡Ser un mandón! Las personas responsables
no mandan más de lo que toca. Saben que hay
cosas que pueden decidir y otras, en cambio,
que dependen de los demás.

¡PRUÉBALO!

11. DECIR «NO».

Habla con una persona en quien confíes y que te conozca bien.

- Describe las situaciones en las que tienes dificultades para decir «no»:

Por ejemplo, cuando mi amiga me pide dinero, me promete que me lo devolverá lo antes posible, pero sé que ese día nunca llega.

- Escribe el nombre de las personas a las que te cuesta decirles «no».

Mi amiga.

- Anota una situación que te genere estrés a la hora de decir «no».

Cada vez que voy a la tienda con mi amiga y me pide que le pague sus cosas.

- Analiza el valor que se encuentra detrás de tu «no»: ¿a qué área estás diciendo «sí»?

Diciéndole «no» a mi amiga, estoy diciendo «sí» a poner límites.

- Piensa en la forma más adecuada de decir «no»:

    - Di «no» tantas veces como sea necesario:

    «No», «No puedo», «Esto no es posible para mí», «No me siento bien con eso».

    - Pospón la petición:

    «Ahora no es un buen momento».

    - Aclara las normas:

    «No puedo dejarte dinero más de una vez».

    - Sugiere otra cosa que hacer:

    «En lugar de ir a la tienda, ¿quieres ir a pasear?».

    - Explícale qué ocurrirá si haces lo que quiere:

    «Si te dejo dinero otra vez, mis padres se enfadarán conmigo».

¿Cuántas veces dices «sí» cuando en realidad quieres decir «no»?

¡Decir «no» es tu derecho! Si la persona a quien dices «no» se aleja de ti, significa que no te respeta.

SABER ELEGIR CUESTA. PERO SOLO CUANDO ELIJO, CREZCO.

¿ESTÁS ORGULLOSO DE LA PERSONA EN LA QUE TE ESTÁS CONVIRTIENDO?

La autoestima también significa estar ORGULLOSO de uno mismo.

Sientes orgullo cuando estás **contento contigo mismo** porque sabes que has actuado bien y de acuerdo con tus valores.

> ### ¿SABÍAS QUÉ?
> Un **valor** es una actitud, una forma de ver las cosas y de comportarte según lo que crees que es correcto. Los valores conforman la moral. Imagínate que la moral es como una brújula que te guía hacia la dirección que quieres ir.
>
> Por ejemplo, si uno de tus valores es la honestidad, procurarás siempre decir la verdad para que las personas confíen en ti.

Respeto, **TOLERANCIA**, **Compasión**, Amabilidad, *Honestidad*, RESPONSABILIDAD, **TRABAJO EN EQUIPO**, Gratitud, Humildad, **SOLIDARIDAD**, **Autonomía**, **CONFIANZA**, Perseverancia.

Cuando te sientes ORGULLOSO de ti mismo es por:

• CÓMO ACTÚAS CON LOS DEMÁS:

¿Eres amable? ¿Ayudas a los otros? ¿Compartes las cosas que tienes?

• LAS TAREAS QUE HACES:

¿Te has esforzado mucho? ¿Has trabajado duro? ¿Has aprendido?

• LAS METAS QUE CONSIGUES:

¿Has aprobado un examen? ¿Has hecho un nuevo amigo? ¿Has subido la cima de una montaña?

• LAS COSAS QUE HAS INTENTADO HACER:

Aunque no hayas tenido la nota que querías, ¿estudiaste todo lo que podías? Aunque al final no hayas marcado ningún gol, ¿te has esforzado en conseguirlo?

¡En estas situaciones estarás muy satisfecho de ti mismo!

→ Reflexiona sobre qué has hecho esta semana para sentirte orgulloso. Puedes pensar en un gesto que tuviste con alguien, una tarea que hayas terminado, una meta que hayas conseguido o una cosa que intentaras hacer.

_____

_____

_____

_____

_____

_____

→ Escribe también sobre un comportamiento que tuviste del que no te sientes orgulloso. ¿Qué podrías haber hecho de forma distinta?

_____

_____

_____

_____

_____

Siempre debes QUERERTE, pero no siempre estarás ORGULLOSO DE TI MISMO.

Como has visto en el primer capítulo, siempre debes **respetarte** y **amarte**, porque vas a estar contigo toda la vida. Pero no siempre estarás satisfecho contigo mismo. Porque, como todos, algunas veces te equivocarás, no actuarás bien y harás justo lo contrario de lo que querías hacer. Si es así, reconoce tu error, **aprende** y cambia.

¿SABÍAS QUÉ?

Es tu **comportamiento**, cómo actúas en cada situación, lo que hace que te sientas orgulloso de ti, ¡nunca las cosas materiales!

Imagínate que tus padres te compran la ropa que te gusta o un juego que llevas meses pidiendo, ¿cómo crees que te sentirás? Estarás feliz unos días, pero NO estarás orgulloso de ti. ¿Sabes por qué? Porque **el orgullo nace del esfuerzo, del trabajo, de las cosas que consigues por ti mismo**. La felicidad verdadera no está en «tener», sino en «ser».

¡PRUÉBALO!

12. SÉ FIEL A TI MISMO, MANTÉN TUS VALORES.

Elige un valor que sea esencial para ti (honestidad, tolerancia, compromiso...). Piensa en cosas concretas que puedas hacer para mantenerlo y, así, estar orgulloso de ti.

Por ejemplo, si el valor de la bondad es importante para ti, piensa en qué puedes hacer para ayudar a tus amigos, familiares, maestros o vecinos. ¿Podrías compartir tus cosas, decirles palabras amables u ofrecerles tu ayuda?

Un solo acto de bondad puede alegrar el día a alguien.

PARA RECORDAR...

NO PUEDO CONTROLARLO TODO.

SABER ELEGIR CUESTA: PERO SOLO CUANDO ELIJO, CREZCO.

SEGÚN CÓMO ME COMPORTE, ESTARÉ ORGULLOSO O NO DE MÍ MISMO.

HABILIDAD: CÓMO RESPONDO A LOS PENSAMIENTOS NEGATIVOS

OBJETIVO:

Piensa de una forma diferente que te permita resolver los problemas.

ACTIVIDAD 1:

Como si fueras un detective o un científico, trata de averiguar si el pensamiento negativo que tienes es acertado o no.

PENSAMIENTO NEGATIVO	PRUEBAS A FAVOR	PRUEBAS EN CONTRA	¿VERDADERO O FALSO?
«Soy tonto»	No entiendo los deberes de Matemáticas.	He sacado un 7 en el examen de Ciencias.	Falso
«¡Todo me sale mal!»	Se me ha caído el zumo y he manchado el sofá.	- Ayer ayudé a mi padre en casa y me felicitó. - Organicé una fiesta sorpresa para mi amiga y le gustó mucho.	Falso
«Nadie me quiere»	Hoy mi madre no puede salir a pasear conmigo porque está trabajando.	Siempre que tiene tiempo, mi madre hace actividades conmigo.	Falso

PENSAMIENTO NEGATIVO	PRUEBAS A FAVOR	PRUEBAS EN CONTRA	¿VERDADERO O FALSO?

ACTIVIDAD 2:

Empieza a cambiar cada uno de tus pensamientos negativos. Trata de hablarte como lo harías si tu mejor amigo acudiera a ti con algún problema. ¿Qué consejo le darías?

SI LA MISMA SITUACIÓN LE PASARA A TU MEJOR AMIGO, ¿QUÉ LE DIRÍAS?

(«No eres el único que no entiende los deberes de Matemáticas», «¿Por qué no pides ayuda?», «¡Sigue intentándolo!»)

_____

_____

_____

_____

ES IMPORTANTE QUE SEPAS QUE...

• Muchas veces, los pensamientos negativos no son ciertos: ¡la realidad puede ser **distinta** de lo que piensas!

DIÁLOGO INTERNO POSITIVO Y REALISTA... ¡PARA ESTAR ORGULLOSO DE TI!

¿Cómo te hablas a ti mismo?
¡Intenta ser más amable!

- Es imposible que lo pueda controlar TODO.
- Intento no darle vueltas a las cosas que no DEPENDEN de mí.

- Dedico mi ESFUERZO en aquellas cosas que sí dependen de mí.

- Antes de elegir, no puedo saber exactamente QUÉ VA A PASAR; ¡ni yo ni nadie!

- Solo cuando elijo, CREZCO.

- Es normal que me sienta inseguro. Es incómodo, pero ¡PUEDO SOPORTARLO!

- Sé pedir PERDÓN.

- Intento ser, cada día, una MEJOR PERSONA.

- Cuando sé que he actuado bien, me siento ORGULLOSO.

- El orgullo viene de mi esfuerzo, de mi trabajo, de las cosas que consigo por MÍ MISMO.

- La felicidad no está en «tener», sino en «SER».

- Las personas que me quieren lo van a seguir haciendo, aunque tengamos GUSTOS DISTINTOS.

- APRENDO de cada cosa que no me sale bien.

- Soy RESPONSABLE de mi conducta, de cómo manejo mis emociones y, sobre todo, del tipo de persona en que me estoy convirtiendo.

CUESTIONARIO
¿ERES RESPONSABLE?

Responde estas preguntas y averigua cómo eres.

1. Se acerca Halloween y tienes que elegir el disfraz, ¿qué piensas?

a) Voy a ir como me dé la gana. A mi abuela le da un poco de miedo verme con ciertos disfraces, ¡pero a mí me da igual!

b) ¿Cómo van a ir mis amigos? ¡Me vestiré como ellos!

c) ¡No lo sé! ¡Qué estrés! ¡Que decida otro, por favor!

d) ¡Me encantaría ponerme un disfraz terrorífico! Les preguntaré a mis padres si les parece bien.

2. Estás en la fiesta de cumpleaños de tu mejor amigo y ¡te lo estás pasando muy bien! Pero, sin querer, te caes de la silla y la rompes. Nadie se ha dado cuenta... ¿Qué haces?

a) No digo nada, y si me preguntan, la culpa es de otro.

b) No se lo digo a nadie y continúo disfrutando de la fiesta. Aunque prefiero mantenerme alejado de las sillas, por si acaso.

c) Pongo cualquier excusa para marcharme y me voy pitando de la fiesta.

d) Explico lo que ha pasado, pido perdón y ofrezco una solución («Arreglaré la silla», «Compraré una nueva»).

3. El profesor está convencido de que has copiado en un examen, pero no es cierto. ¿Qué haces?

a) Me enfado tanto que le falto al respeto: «¿Cómo te atreves a decir eso? ¿Tú sabes con quién estás hablando?».

b) Me preocupo mucho por el qué dirán los otros: «¿Qué van a pensar mis compañeros? ¡Me voy a quedar solo!».

c) Estoy tan triste que me marcho a casa y me escondo bajo las sábanas: «¡No voy a hacer otro examen jamás!».

d) Me siento frustrado, pero intento calmarme antes de hablar con el profesor. Escucho lo que me dice y le doy mi versión: «Eso no es así. ¿Qué puedo hacer para demostrártelo?».

4. Una chica de tu clase te molesta cada día. Cuando estás cerca de ella, te insulta; y cuando pasas por su lado, te pone la zancadilla y caes al suelo. ¿Qué haces?

a) Se lo devuelvo. Le doy un bofetón en toda la cara: «¡Te lo mereces!».

b) No digo nada porque no quiero que los otros piensen que soy un pringado: «¿Se van a reír de mí si lo saben?».

c) Dejo de ir a la escuela: «¡No puedo más!».

d) Le digo: «No me gusta que me hagas eso» y pido ayuda a un adulto de confianza: «¿Profe, puedo hablar contigo?».

5. Tus padres no te permiten salir con tus amigos.

a) Me escapo de casa: «¡Yo hago lo que me da la gana!».

b) Me rayo muchísimo: «¡Si no voy a esa fiesta, me voy a quedar sin ningún amigo!».

c) Me enfado tanto que estoy una semana sin hablar con mis padres: «¡Nunca me dejan elegir!».

d) No me parece bien, aunque entiendo que hay decisiones que solo los adultos pueden tomar.

RESULTADOS: ¿ERES RESPONSABLE?

MAYORÍA DE A:

¡CUIDADO! ¡NO ESTÁS ACTUANDO COMO UNA PERSONA RESPONSABLE PORQUE SOLO PIENSAS EN TI!

✔ **Desarrolla la empatía.**

Intenta ponerte en el lugar del otro y entiende cómo se puede sentir en cada momento:

- ¿Cómo crees que está?
- ¿Qué crees que piensa?
- ¿Qué crees que hará?

Si tienes empatía, **comprenderás mejor a los demás**, harás más amigos, te sentirás amado, respetado y valorado y ¡tendrás muchas menos discusiones!

MAYORÍA DE B:

¡CUIDADO! ¡NO ESTÁS ACTUANDO COMO UNA PERSONA RESPONSABLE PORQUE ESTÁS ÚNICAMENTE PENDIENTE DE LOS DEMÁS!

✔ **Desarrolla la asertividad.**

Prueba a decir lo que de verdad sientes y lo que piensas (sin faltar al respeto), aunque sea distinto a la opinión del resto:

- ¿Qué pienso yo?
- ¿Cómo me siento?
- ¿Qué quiero hacer?

¡No vas a caer bien a todo el mundo! **Las personas que te quieren, lo van a seguir haciendo** aunque tengáis gustos distintos.

MAYORÍA DE C:

¡CUIDADO! ¡NO ESTÁS ACTUANDO COMO UNA PERSONA RESPONSABLE PORQUE, CUANDO ALGO NO SALE COMO TÚ ESPERAS, ABANDONAS!

✔ **Desarrolla la tolerancia a la frustración.**

Muchas veces las cosas no salen como tú esperas o quieres.

- «¡No ha salido bien!».

Otras veces, las cosas no dependen solo de ti.

- «Hay cosas que, aunque quiera cambiarlas, no puedo».

Si te enfadas, te entristeces o lloras, ¡está bien! Tienes que dejar salir cada una de tus emociones. Cuando te hayas desahogado, piensa en qué puedes hacer para afrontar el problema. No dejes que las emociones te bloqueen. Aprende cada vez que algo no te salga y no te detengas.

MAYORÍA DE D:

¡ENHORABUENA! TE ESTÁS CONVIRTIENDO EN UNA PERSONA QUE ELIGE DE FORMA SENSATA. LOS DEMÁS CONFIARÁN EN TI Y TÚ MISMO CREERÁS EN TI.

✔ **Eres responsable del tipo de persona en la que te estás convirtiendo.**

¡Eres el responsable de tu conducta! Eres tú quien eliges **respetar a las personas** de tu alrededor sin ofenderlas, quien escoge decir la verdad sin inventarse cosas y quien decide pedir perdón por los errores sin poner excusas.

¡También eres el responsable de cómo manejas tus emociones! Es verdad que no puedes controlar cómo te sientes, pero sí cómo actúas según esas emociones. Eres tú quien elige mantener la calma cuando te enfadas sin insultar ni pegar a nadie y quien decide **hablar de cómo te sientes** cuando estás triste o nervioso sin esconder los sentimientos.

5. YO SOY VALIENTE PORQUE APRENDO DE MIS ERRORES

MATEO

—¿Cómo te ha ido el día? —le pregunta el abuelo de Mateo cuando llega a casa.

—¡Perfecto! —responde Mateo desde el recibidor.

Mateo está contento. **Otro día más sin ningún fallo ni equivocación.**

Se mira en el espejo del recibidor. No tiene ningún granito en la cara. Ningún pelo sobresale de su sitio. Los dientes están blancos. El aliento desprende buen olor. No hay arrugas ni en la camisa ni en el pantalón. Los zapatos los tiene bien limpios.

—**¡Perfecto!**

Cuelga su abrigo en el armario, se quita cuidadosamente los zapatos y los deja bien alineados en su sitio. Abre su mochila y se dirige a su escritorio, coloca los libros y el estuche y, sin que nadie se lo recuerde, empieza a hacer los deberes y a estudiar para el examen oral de Historia.

Cuando sus padres llegan de trabajar, Mateo ha ordenado su cuarto, se ha duchado, viste un pijama limpio y está leyendo tranquilamente.

—¡Eres perfecto! —dicen sus padres, exhaustos después de un día duro de trabajo.

Mateo les sonríe y pone la mesa. Cuando terminan de cenar, él es el primero en recoger los platos.

Como cada noche, antes de irse a la cama, juegan todos juntos a un juego de mesa. Mateo está serio, concentrado y, como ya es habitual, les gana con una estrategia inmejorable.

—Mateo —le dice su padre dándole un beso de buenas noches—, seguro que mañana la exposición oral te sale...

—¡Perfecta! —termina la frase Mateo, y se va a dormir tranquilo.

Sin embargo, a medianoche se despierta asustado. Una duda se ha apoderado de su mente. «¿Y si me equivoco?».

Intenta volver a dormirse, pero no puede. De repente, muchas más dudas han aparecido en su cabeza: «¿Y si me sale mal?, ¿y si suspendo?, ¿y si se ríen de mí?».

Los miedos se amontonan en su mente y aquella noche no consigue descansar.

Por suerte, la mañana siguiente transcurre como cada día: deja su habitación impecable, se viste sin equivocarse de botones, se prepara el desayuno procurando no manchar nada, toma leche con cereales sin hacer ruido mientras mastica, se lava los dientes sin olvidarse ninguno...

—¡Perfecto!

No obstante, cuando llega a la escuela, siente una extraña sensación en su barriga. Nunca ha notado nada parecido.

—¿Qué será? —se pregunta.

Percibe cómo esa sensación crece a medida que piensa en la exposición.

—¿Y si no me sale perfecta? —se dice.

Cuando llega la hora de la exposición, el profesor decide que Mateo sea el primero en empezar.

—Mateo, explícame todo lo que sabes sobre el Imperio romano.

—Mmm...

Por más que lo intenta, las palabras no le salen. El profesor está sorprendido. Sus compañeros más.

—¿Mateo ya no es... perfecto? —susurran.

Mateo está pálido. No sabe qué hacer. «¿Grito? ¿Lloro? ¿Me voy corriendo?». Mateo siente que todo le da vueltas y no recuerda lo que tiene que decir. Le tiemblan las piernas y se prepara para huir.

—**No pasa nada si te equivocas** —le dice el profesor—. **Inténtalo**.

Mateo decide comenzar de nuevo.

—El Imperio...

Pero su mente está en blanco. Siente que está a punto de cometer su primer error...

—... romano permaneció hasta el... —El profesor intenta ayudarlo.

—... año 476 —contesta Mateo.

De golpe, los números han aparecido en la mente. El profesor sonríe.

Mateo continúa respondiendo las preguntas del profesor sin cometer ningún fallo, como siempre. Ahora respira más tranquilo.

Sin embargo, durante el resto del día, no puede parar de pensar en que, **por primera vez, casi se equivoca**.

De camino a casa, Mateo se encuentra con algunos de sus compañeros.

—¡Ven a jugar con nosotros! ¡Es divertido!

Mateo los mira como muchas otras veces. Luego mira su ropa sin ninguna arruga, sus zapatos limpios.

—**No puedo permitirme cometer ningún fallo más** —se dice mientras se aleja.

Cuando llega a casa, hace lo mismo de cada tarde. Pero cuando llega la hora de jugar con su familia, nota la misma sensación en la barriga.

—¿Qué te pasa? —le preguntan.

Mateo se siente inseguro.

—¡No quiero jugar! ¿Y si fallo? ¿Y si cometo algún error?

Sus padres le observan preocupados, no entienden qué está pasando. Su abuelo lo abraza y le dice al oído:

—**Intentarlo y equivocarse no es un problema. Dejar de intentarlo sí que lo es**.

Con estas palabras, Mateo decide continuar y no rendirse. Lo hace a pesar de sentir que puede perder en cualquier momento.

Y así sucede. Mateo repasa dos veces su última jugada para ver qué ha pasado.

—¿Has cometido un error? —le pregunta su abuelo.

Mateo empalidece. Nota cómo un escalofrío le recorre la espalda. Empieza a sudar. Las piernas le tiemblan.

—Sí.

No sabe qué hacer. Sus padres se miran entre ellos y después a él. Su abuelo le sonríe y le repite.

—Intentarlo y equivocarse no es un problema. Dejar de intentarlo sí que lo es.

Mateo se relaja y empieza a reír. Sus padres empiezan a reír. Cada vez más fuerte. Y nota cómo las sensaciones extrañas de su cuerpo desaparecen con cada risa.

—Lo único imposible, Mateo, es aquello que no intentas. Vamos a probarlo de nuevo —dice su abuelo.

Aquella noche juegan hasta altas horas de la madrugada. Por primera vez en mucho tiempo, Mateo disfruta el momento. **Entiende que no todo tiene que salir perfecto para poder ser feliz.**

TE PUEDES EQUIVOCAR

La verdad es que a NADIE le gusta equivocarse.

Un error te puede hacer sentir incómodo, avergonzado, enfadado y, sobre todo, **¡muy solo!** Cuando te ocurre, puedes pensar que eres el único que hace las cosas mal, ¡pero eso no es verdad!

TODOS cometemos errores.

Tus padres, tus hermanos, tus abuelos, tus tíos, tus amigos, tus compañeros, tus profesores, tus vecinos... Cualquier persona que se te ocurra, ¡incluso tu actor, cantante o bailarín favorito!, **se equivoca.**

¡ATRÉVETE A CONTESTAR!

→ ¿Qué errores has cometido hoy, esta semana y este mes?

_____

_____

_____

Sin embargo, no todo el mundo sabe cómo REACCIONAR ante un error.

Algunas personan **niegan** sus equivocaciones y culpan a los demás. Otras personas procuran **no pensar** ni una sola vez en sus errores y se distraen con una actividad diferente, sin tiempo suficiente para entender en qué pueden haber fallado. Y otras se **frustran** tanto con ellas mismas que deciden esconderse y no volver a intentarlo jamás.

Todas estas personas tienen en común una cosa: **¡huyen de los errores!**

No HUYAS de tus errores, APRENDE de ellos.

Trata de **comprender** qué ha pasado. Por ejemplo, has sacado una mala nota en el examen porque estudiaste en el último momento o tu madre está enfadada contigo porque le has mentido diciéndole que estabas en la biblioteca cuando, en realidad, estabas en casa de tu amiga.

Piensa qué harás **diferente** la siguiente vez. Por ejemplo, puedes empezar a estudiar antes o decir la verdad.

¡Todos cometemos errores, cómo decidas **repararlos** es lo que marcará la diferencia!

¡Gracias a los errores aprendes a ser MEJOR!

Cuando cometas un fallo, **reflexiona**: «¿Cómo crees que podrías haberlo evitado?» y trata de no cometerlo otra vez.

¡ESTO NO AYUDA A TU AUTOESTIMA!

SER PERFECCIONISTA

☹ SI TE EXIGES DEMASIADO, NO TOLERAS FALLAR, TE OBSESIONAS CON LOS DETALLES, TRABAJAS DEMASIADO Y NO TE PERMITES DESCANSAR..., MUY POCAS VECES ESTARÁS REALMENTE SATISFECHO: ¡NUNCA PODRÁS SER TAN PERFECTO COMO CREES QUE DEBERÍAS SER!

☺ INTENTA HACER LAS COSAS LO MEJOR QUE PUEDAS, PERO SIN SER PERFECTO. MIRA A TU ALREDEDOR, ¡NADIE ESPERA QUE LO SEAS!

13. RECONOCE TUS ERRORES Y PIDE PERDÓN.

Siempre que cometas un error, admítelo:

- «Me he equivocado».

Si dañas algo o a alguien, pide disculpas:

- «Perdona, lo he hecho sin querer».

- «Lo siento, no volverá a ocurrir».

Después procura reparar lo que has hecho:

- Si rompes algo, arréglalo o cámbialo.

- Si coges algo que no es tuyo, devuélvelo.

Cada vez que cometas un error, admítelo, pide disculpas y repara lo que has hecho.

CONFÍA EN TI, ¡TÚ PUEDES!

Cuando intentamos algo nuevo, todos estamos un poco NERVIOSOS e INSEGUROS, ¡incluso los adultos!

Si sientes un **poco de ansiedad**, es normal, porque estás ante una situación desconocida: no sabes qué va a pasar.

¿SABÍAS QUÉ?

La **ansiedad** es una emoción que te mantiene en alerta para que estés preparado ante posibles peligros. La ansiedad solo se convierte en un **problema** cuando aparece de forma muy intensa en todo momento y no te deja hacer las cosas que quieres hacer.

Por ejemplo, sentir un poco de ansiedad antes de empezar un examen ¡es normal! En cambio, si sientes tanta ansiedad al hacer un examen que olvidas todo lo que has estudiado, la ansiedad se ha convertido en un problema. Si es así, busca ayuda.

Ten en cuenta que si pruebas algo que ya sabes hacer, estarás TRANQUILO y te sentirás SEGURO.

Cuando haces algo que has practicado antes, estás más confiado porque ya lo conoces.

→ ¿Qué cosas te hacen sentir nervioso?

_____

_____

_____

→ ¿Qué cosas te hacen sentir seguro?

_____

_____

_____

Cada día, habrá momentos en los que te sentirás SEGURO y otros en los que te sentirás INSEGURO.

Si pretendes siempre estar tranquilo, sin agobios ni estrés, ¡no podrás experimentar el mundo! No conocerás personas distintas, culturas diferentes, comidas variadas, países lejanos... Solo tienes una vida, ¡no te la puedes **perder**!

Para CRECER tienes que ARRIESGAR.

No tengas miedo a fallar, ten miedo de no probar.

Confía en ti, ¡puedes hacer mucho más de lo que piensas!

14. CELEBRA TUS LOGROS, POR PEQUEÑOS QUE SEAN.

Reflexiona, con alguien de confianza, sobre algún gran objetivo que te hayas propuesto y hayas logrado.

- ¿Lo conseguiste rápido, de la noche a la mañana, o fue más bien lento, con mucho esfuerzo y muchos pasos que te acercaron a la meta final?

La mayoría de las cosas que conseguirás serán el resultado de esforzarte cada día, poco a poco. También puede ocurrir que te desmotives y creas que estás muy lejos de la meta, cuando, en realidad, estás a punto de alcanzarla. Por eso es muy importante que te mantengas siempre motivado.

Si crees que lo único importante es conseguir la meta final, estarás desmotivado:

- «¡Estoy perdiendo el tiempo!», «¡Soy un fracasado!», «¡No puedo!».

En cambio, una forma de permanecer motivado es reconocer y celebrar cada uno de tus logros, aunque sean pequeños:

- «¡Bravo! ¡Hoy me he esforzado mucho!», «¡Me estoy acercando a conseguir lo que quiero!», «¡Muy bien! ¡Estoy orgulloso de todo lo que he hecho!».

La forma en la que te planteas las cosas es muy importante. Escribe todas las frases motivadoras que se te ocurran para decírtelas la próxima vez que quieras conseguir algo.

NO TE RINDAS, ¡CONTINÚA!

¿Cuántas veces te has CAÍDO a lo largo de tu vida?

Seguro que, si pudieras contarlas todas, serían ¡muchas! Imagínate que **cada vez** que te cayeras, decidieras no andar nunca más: ¿estarías andando ahora?

La vida está llena de TROPIEZOS y OBSTÁCULOS.

Te vas a caer ¡una y mil veces! Y lo más importante es que te **vuelvas a levantar** ¡una y mil veces!

¡ATRÉVETE A CONTESTAR!

→ ¿Qué obstáculos te has encontrado a lo largo de la vida?

_____

_____

_____

_____

_____

_____

Si quieres tener éxito, ESFUÉRZATE cada día, todas las semanas, todos los meses, todos los años.

¡Inténtalo una y otra vez hasta que lo consigas! Nunca sabes si el **siguiente intento** será el que, al fin, funcionará.

Sé PACIENTE, OPTIMISTA y FUERTE.

Ten paciencia, todo cambio necesita **tiempo**. Piensa en positivo, cree en ti y en todo lo que eres **capaz**: «¡Lo conseguiré!». **Resiste**, serán muchos los momentos en los que dudarás de ti mismo: «¿Y si no lo consigo?». ¡**No te rindas**!

Pide AYUDA siempre que la necesites.

Si sientes que estás bloqueado y nada de lo que haces funciona, habla con alguien que te pueda ayudar: pregúntale su opinión, pídele consejo, respira hondo y ¡**vuelve a intentarlo**!

15. SIGUE ADELANTE A PESAR DE LOS OBSTÁCULOS.

Piensa en alguna vez en la que hayas completado un rompecabezas.

- ¿Cómo lo has hecho?

Cada uno tiene una estrategia (algunas personas empiezan por los márgenes, otras por el centro y las hay que no siguen un orden concreto).

- ¿En algún momento has intentado encajar una pieza con otra que no iba?

¡Seguro que sí!

- ¿Qué te has dicho a ti mismo? ¿Cómo te has sentido? ¿Qué has hecho?

Si tienes estos pensamientos: «¡Qué tonto soy!», «¡Me rindo!», «¡Nunca lo conseguiré!», te desanimarás y abandonarás el rompecabezas.

Si, por el contrario, te dices: «Vale. Esta pieza no va con esta, ¿y con esta otra?», «¡He conseguido encajar un montón de piezas!», estarás motivado y continuarás intentándolo, una y otra vez, hasta que, al fin, termines.

Esta es la actitud que debes mantener cuando pruebas algo nuevo. Recuerda: **el éxito nunca se consigue a la primera.**

PARA RECORDAR...

YO APRENDO DE MIS ERRORES.

CONFÍO EN MÍ, ¡YO PUEDO!

SIEMPRE QUE LO NECESITE, PUEDO PEDIR AYUDA.

SER PERFECTO

HABILIDAD: DISEÑA UN PLAN

OBJETIVO:

Afronta poco a poco aquellas cosas que te cuestan.

ACTIVIDAD 1:

Elige algo de ti que quieras mejorar. Piensa en cómo puedes hacerlo. Por ejemplo: «Hablar con una persona de mi edad que no conozco».

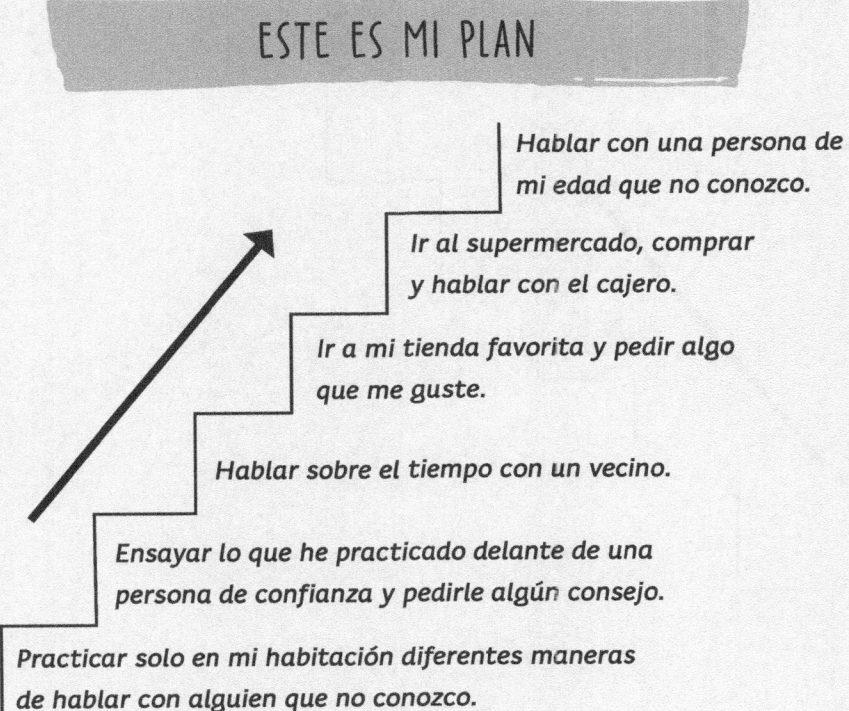

ESTE ES MI PLAN

Hablar con una persona de mi edad que no conozco.

Ir al supermercado, comprar y hablar con el cajero.

Ir a mi tienda favorita y pedir algo que me guste.

Hablar sobre el tiempo con un vecino.

Ensayar lo que he practicado delante de una persona de confianza y pedirle algún consejo.

Practicar solo en mi habitación diferentes maneras de hablar con alguien que no conozco.

Sigue el ejemplo y contesta:

ALGO QUE AÚN NO PUEDO HACER ES...

_____

_____

_____

ESTE ES MI PLAN

Puedo aprender a mejorar siguiendo estos pequeños pasos:

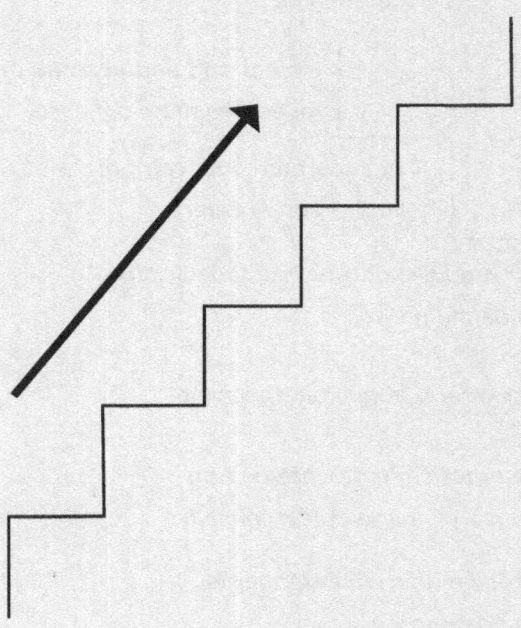

ES IMPORTANTE QUE SEPAS...

- Cualquier cosa que te cueste conseguir la puedes dividir en pequeños pasos. Así te resultará mucho más **fácil** porque podrás hacerlos a tu ritmo.

- Tendrás más **confianza** en ti si organizas antes cómo harás cada paso.

- Mantente orgulloso de cada paso que consigas dar, aunque sea pequeño: «¡Qué bien lo he hecho!». La suma de todos los pequeños pasos a lo largo del tiempo es lo que te hará **superar** el miedo.

- Sé **positivo**: ¡tú puedes conseguir aquello que te propongas!

DIÁLOGO INTERNO POSITIVO Y REALISTA... ¡PARA CONFIAR EN TI!

¿Cómo te hablas a ti mismo?
¡Intenta ser más amable!

- Todos cometemos errores, lo importante es cómo decido REPARARLOS.

- Intento mejorar siempre que puedo, pero sin ser PERFECTO.

- Sé pedir PERDÓN.

- Cuando empiezo algo nuevo, es normal que esté NERVIOSO e INSEGURO.

- Para crecer tengo que ARRIESGAR.

- Puedo hacer MUCHO MÁS de lo que pienso.

- No me rindo, ¡CONTINÚO!

- Me voy a caer ¡una y mil veces! Y lo más importante es que me vuelva a LEVANTAR ¡una y mil veces!

- Si quiero tener éxito, me ESFORZARÉ cada día, todas las semanas, todos los meses, todos los años.

- Lo intentaré una y otra vez hasta que lo CONSIGA.

- Soy PACIENTE, OPTIMISTA y FUERTE.

- Sigo ADELANTE a pesar de los obstáculos.

CUESTIONARIO

¿ERES PERSEVERANTE?

Marca la respuesta que te identifica y averigua qué piensas realmente sobre ti.

1. Si algo no te sale bien a la primera, ¿cómo reaccionas?

a) Me rindo, ¡no vale la pena esforzarme!

b) Reflexiono sobre qué puede haber pasado y vuelvo a intentarlo.

2. ¿Terminas las cosas que empiezas?

a) No. Comienzo motivado, pero me acabo cansando.

b) Sí. Intento acabar todo lo que comienzo.

3. Cuando quieres conseguir algo, ¿tienes paciencia?

a) No. Si no lo logro rápido, me desmotivo.

b) ¡Sí! Entiendo que los cambios necesitan tiempo.

4. Si surge un imprevisto y pierdes todo el trabajo que has hecho, ¿cómo te lo tomas?

a) Me enfado, me desanimo y abandono.

b) Me enfado, me desanimo, pero saco fuerza para volver a empezar de cero.

5. Hace tan solo unos meses pensabas que el objetivo que te habías propuesto era fácil. Ahora ves que es mucho más difícil de conseguir. ¿Qué piensas?

a) «¡No puedo! Me rindo».

b) «¡Yo puedo! Si es necesario, pediré ayuda».

RESULTADOS: ¿ERES PERSEVERANTE?

MAYORÍA DE A:

CAMBIA EL «NO PUEDO» POR EL «SÍ PUEDO».

✔ **¡La perseverancia es una característica que puedes aprender!**
Practica todas aquellas características que te ayuden a ser más perseverante: paciencia, optimismo y **resistencia**.

MAYORÍA DE B:

ENHORABUENA, ¡ERES PERSEVERANTE!

✔ **Con tu fuerza interior podrás conseguir todos los objetivos que te propongas.**
¡Adelante!

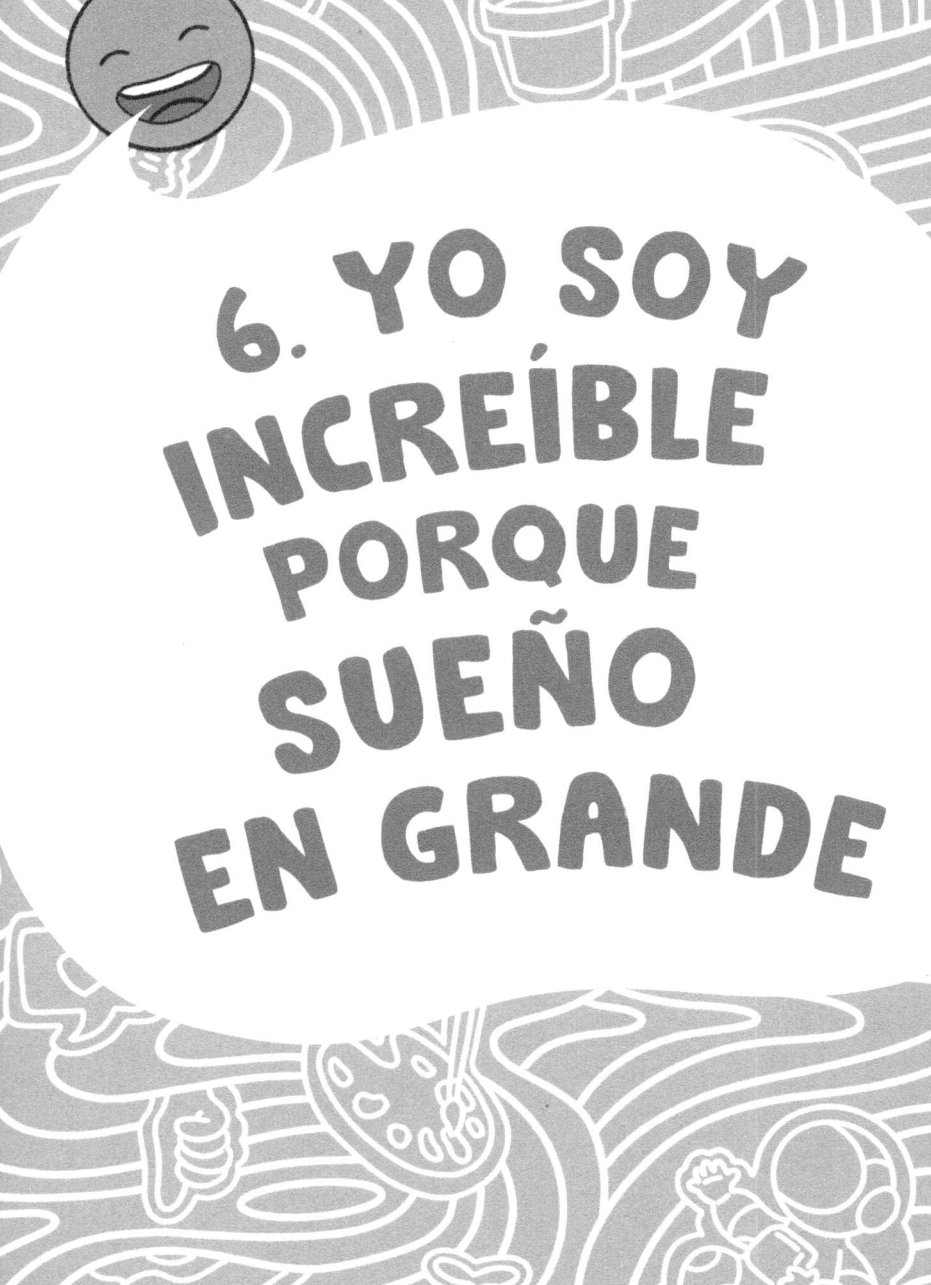

6. YO SOY INCREÍBLE PORQUE SUEÑO EN GRANDE

LUCÍA

—¿Alguna vez habéis pensado a qué os gustaría dedicaros?

Teresa aprovecha cuando Carla se marcha para preguntarles a sus amigos algo que le preocupa.

—No. No lo he pensado —contesta Sira, sorprendida—. ¿Por qué lo dices?

Teresa piensa en su tía, que lleva semanas en la cama, sin poder levantarse.

—Porque a mí me gustaría descubrir una vacuna que curara el cáncer.

David la escucha en silencio.

—A mí me gustaría...

Luego se queda callado durante unos segundos. Piensa en los días en los que, cuando nadie le ve, se cuela para ver los ensayos del grupo de música de la escuela.

—Me gustaría ser cantante —dice, al fin.

—Pues a mí... ¡futbolista! —confiesa Sira mientras observa atentamente cómo juegan sus compañeros en el patio.

—¿Pero qué dices? ¡El fútbol se te da fatal! —exclama Carla, que aparece por sorpresa. Y añade—: David, cuando cantas, me tengo que tapar los oídos. Y tú, Teresa, te recuerdo que en el examen de ciencias sacaste un cuatro.

Teresa, Sira y David se quedan mudos y sonrojados mientras Carla se ríe.

—**¡Cada uno puede soñar con lo que quiera!** —dice una voz.

Lucía, que está sentada cerca de ellos, pero apartada, habla sin alzar la vista de su libreta. Durante el recreo, en vez de seguir a Carla y hacer lo que ella decide, se sienta en un rincón, saca su cuaderno y mueve el lápiz sin parar.

—Siempre está pegada a su libreta —les explica Carla a sus amigos, ignorando a Lucía—. ¡Tenemos que descubrir qué hay en esas páginas!

Carla empieza a idear un plan en su mente.

Al día siguiente, cuando Lucía va al baño, Carla les dice a sus amigos que revisen la mochila de Lucía. Pero, al abrirla, ven que está vacía. ¡Allí no está la libreta!

—¿Qué estáis haciendo?

Lucía se sorprende al volver y descubrir que están revolviendo sus cosas. No puede entender cómo, de repente, Carla y sus amigos están tan intrigados en saber qué hay en su mochila.

—¿Dónde está tu libreta? —le exige Carla.

—Mi libreta es... —Lucía está tan enfadada que dice lo primero que se le ocurre— mágica.

—¿Mágica? —repiten todos a la vez.

Lucía se marcha murmurando.

—Yo creo que lo dice porque tiene tinta invisible —afirma Teresa.

David mira a su amiga con cara de extrañeza.

—¿Invisible?

—Sí. De esas tintas que desaparecen al escribir.

—Yo creo que hay hechizos de brujería —comenta Carla, algo asqueada.

—¡Ya sé lo que hay! —exclama David con los ojos muy abiertos—. Lucía tiene escrita la solución de todos los exámenes de este curso. ¡Por eso saca tan buenas notas!

En los siguientes días, intentan distraer a Lucía para ver su cuaderno, pero... ¡es imposible! ¡Nunca se separa de él!

Cuanto más tiempo pasa, más se convencen de que la libreta es más mágica, más y más especial, más y más interesante. ¡Se mueren de ganas de saber qué contiene!

Un día, Lucía, cansada de que la sigan a todas partes, decide acercarse a ellos y les ofrece su libreta:

—Aquí la tenéis.

Ninguno de los cuatro se lo puede creer. ¡Por fin la han conseguido! Impacientes, con las manos temblorosas, la abren. No saben si encontrarán letras invisibles, hechizos mágicos o la solución a los exámenes del curso. Pero, al pasar hoja tras hoja, comprueban que allí solo hay... ¡dibujos!

—No lo entiendo... —murmura Teresa sin poder creer lo que ve.

—¡No es mágica! —exclama Carla, furiosa.

—Sí que lo es —les asegura Lucía—. **Aquí dentro están todas las cosas que os hacen soñar**.

Entonces se fijan mejor en cada uno de los dibujos que contiene la libreta.

—Lucía nos ha engañado —continúa protestando Carla.

Pero sus amigos han dejado de escucharla.

Sira sonríe mientras señala el dibujo en el que aparece una chica jugando al balón con sus compañeros de clase. David se emociona mirando la página en la que sale un chico cantando con el grupo de música de la escuela. A Teresa le saltan las lágrimas al ver el dibujo de una persona en un laboratorio analizando una nueva vacuna, ¡la que curaría la enfermedad de su tía!

—**Nadie puede quitaros vuestros sueños** —les dice Lucía con una sonrisa—. **Los únicos sueños que pueden hacerse realidad son los que vosotros persigáis**.

SUEÑA EN GRANDE

Si quieres hacer algo INCREÍBLE, sueña en GRANDE.

¿Te gustaría ser deportista, cantante o astronauta? En el mundo de los sueños, puedes ser **quien tú desees.**

Cierra los ojos.

Imagínate a ti mismo dentro de unos años.

→ ¿A qué te gustaría dedicarte?

_____

Si no se te ocurre nada, es porque no estás acostumbrado a soñar. ¡Empieza a hacerlo!

Soñar en GRANDE también significa que puedes hacer lo QUE TÚ QUIERAS (siempre que respetes a los demás). ¿Te gustaría dar la vuelta al mundo, diseñar un robot o actuar en una película? En el mundo de los sueños, la imaginación **no tienes límites**.

¡ATRÉVETE A CONTESTAR!

Cierra los ojos.

Imagínate a ti mismo dentro de unos años.

→ ¿Qué te gustaría haber hecho?

_____

_____

_____

Los sueños CAMBIAN con la edad.

¿Antes soñabas con dedicarte a una cosa y ahora piensas que te gustaría hacer otra? ¡Es normal! A medida que crecemos, **nuestros gustos cambian**.

¡ATRÉVETE A CONTESTAR!

→ Cuando eras pequeño, ¿qué querías ser de mayor?

_____

_____

_____

Si no te acuerdas, pregunta a tus padres, abuelos o hermanos mayores.

¡PRUÉBALO!

16. CONSERVA TUS SUEÑOS.

Imagínate a ti mismo en el futuro.

¿En qué lugar te gustaría vivir? ¿Qué mascota te gustaría tener? ¿Qué ciudad del mundo te gustaría visitar? ¿Con quién te gustaría viajar? ¿Qué comida te gustaría probar? ¿A qué persona famosa te gustaría conocer?

Escribe las respuestas a estas preguntas. Cuando termines, anota la fecha y guárdalas. **Recuerda dónde las has guardado, porque dentro de unos años ¡te encantará leerlas!**

PUEDO CONVERTIRME EN QUIEN YO DECIDA.

ILUSIÓNATE SIEMPRE

La ILUSIÓN te permite vivir con ALEGRÍA Y ENERGÍA.
Cuando tienes una ilusión, tienes la confianza de que, en algún momento, conseguirás que se cumpla lo que deseas. Y, si no es posible, al menos pensarás que algunas cosas **pueden mejorar**.

¿SABÍAS QUÉ?

Una **ilusión** es la esperanza de que eso que quieres se hará realidad. Imagínate un motor que te empuja a hacer cosas, ¡eso es la ilusión! Cuando estás ilusionado, sientes que puedes conseguir aquello que tanto deseas, ¡sin olvidar tener los pies en el suelo, claro!

NO TENER ILUSIÓN POR NADA

☹ ALGUNAS PERSONAS, CUANDO SE HACEN MAYORES, DEJAN DE TENER ILUSIÓN Y SE OLVIDAN DE SONREÍR. EN EL MOMENTO EN QUE LA PIERDEN, SE VUELVEN MÁS TRISTES Y ABURRIDAS. NO SE LEVANTAN CON ENERGÍA, PUES NO TIENEN NADA POR LO QUE ESFORZARSE. TAMPOCO LUCHAN POR CONSEGUIR SUS SUEÑOS. ¡NO PERMITAS QUE ESTO TE OCURRA A TI!

☺ PASE LO QUE PASE, NO PIERDAS LA ILUSIÓN. NO ESTÉS NI UN SOLO DÍA DE TU VIDA SIN GANAS DE HACER COSAS. ¡APROVECHA EL TIEMPO!

Si te ESFUERZAS, CONFÍA en que muchos de tus SUEÑOS se CUMPLIRÁN.

Si cada día **trabajas duro,** tarde o temprano, conseguirás muchas de las cosas que deseas.

¡ATRÉVETE A CONTESTAR!

→ Si pudieras pedir tres deseos (los que fueran), ¿qué pedirías?

1. _____

_____

_____

2. _____

_____

_____

3. _____

_____

_____

17. PON ENTUSIASMO EN TODO LO QUE HACES.

¿Sabes que puedes ilusionarte con casi todo?

Puedes poner entusiasmo en salir de excursión con tu familia, en celebrar un cumpleaños, en quedar con los amigos... ¡Hasta en estudiar para un examen!

Verás que la vida cambia mucho cuando estás ilusionado.

SIEMPRE MANTENDRÉ LA ILUSIÓN Y NUNCA DEJARÉ DE SOÑAR.

LUCHA POR TUS SUEÑOS

Conseguir que tus sueños se hagan realidad no será FÁCIL.

Te equivocarás, las cosas te saldrán al revés e incluso, algunas veces, ¡todo te irá mal! Es un rollo, pero... **¡así es la vida!**

¡ATRÉVETE A CONTESTAR!

→ ¿Qué sueño no has podido hacer realidad aún? ¿Por qué?

_____

_____

_____

NO podrás alcanzar todos y cada uno de tus sueños, pero SÍ conseguir que muchos de ellos se hagan REALIDAD.

Si continúas esforzándote, cuando menos te lo esperes, podrás cumplir algunos de tus sueños, así que ¡no dejes de perseguirlos!

→ ¿Cuál es el sueño que has tenido y sí se ha cumplido?

_____

_____

_____

¿SABÍAS QUÉ?

Para **convertir un sueño en realidad** se necesita una gran cantidad de ilusión, compromiso, esfuerzo, dedicación, autodisciplina y, también, una pequeña dosis de suerte.

¡ESTO NO AYUDA A TU AUTOESTIMA!

NO LUCHAR POR TUS SUEÑOS

☹ ALGUNAS PERSONAS TE DIRÁN QUE ES UNA LOCURA, QUE NO LO INTENTES, QUE NO TE ESFUERCES, QUE NO VALE LA PENA, QUE NO ERES SUFICIENTEMENTE BUENO... ¡HABRÁ GENTE QUE NO TE LO PONDRÁ FÁCIL!

☺ DEJA QUE HABLEN Y OPINEN MIENTRAS ¡TÚ SIGUES LUCHANDO POR LO TUYO! NO PERMITAS QUE NADIE NI NADA TE DETENGA. ESFUERZO, CONSTANCIA Y SACRIFICIO.

¡PRUÉBALO!

18. CONVIÉRTETE EN UN OPTIMISTA REALISTA.

Las personas **optimistas** tienen muchas ilusiones. Confían en que todo les va a salir bien. Se fijan en el lado bueno de las cosas.

Las personas **realistas** aceptan que, a veces, hay momentos difíciles en los que ocurren cosas malas.

Intenta ser un optimista realista. Cuando eres así, te concentras en lo bueno de una situación, pero sin exagerarlo. Y, sobre todo, piensas en lo que puedes hacer para mejorarla.

Por ejemplo, ante un examen, estudiarás mucho para intentar sacar una buena nota porque sabes que lo puedes conseguir. O para entrar en el equipo de básquet, sabes que si practicas y te esfuerzas durante semanas, lo lograrás.

CONSEGUIRÉ QUE MIS SUEÑOS SE HAGAN REALIDAD NO SERÁ FÁCIL, PERO ESTOY PREPARADO PARA LUCHAR.

PARA RECORDAR...

PUEDO CONVERTIRME EN QUIEN YO DECIDA.

SIEMPRE MANTENDRÉ LA ILUSIÓN Y NUNCA DEJARÉ DE SOÑAR.

CONSEGUIRÉ QUE MIS SUEÑOS SE HAGAN REALIDAD. NO SERÁ FÁCIL, PERO ESTOY PREPARADO PARA LUCHAR.

HABILIDAD:
SUEÑA, CREE Y BRILLA

OBJETIVO:

Si estás preparado para esforzarte, ¡puedes llegar a ser quien tú quieras!

ACTIVIDAD:

1. Imagínate que no tuvieras miedo a nada y que todo fuera posible. Escribe en un papel qué te gustaría ser o hacer:

Yo voy a ser

Yo voy a hacer

Puedes escribir tantas frases como quieras.

2. Cuando hayas terminado, dobla el papel y ponlo debajo de la almohada sobre la que duermes.

3. Cuando despiertes por la mañana, léelo en voz alta.

4. Repite los tres pasos anteriores cada día hasta que al fin te creas que puedes dedicarte a lo que tú quieras.

- Pensar en lo que quieres ser te ayudará a esforzarte y a estar **ilusionado**.

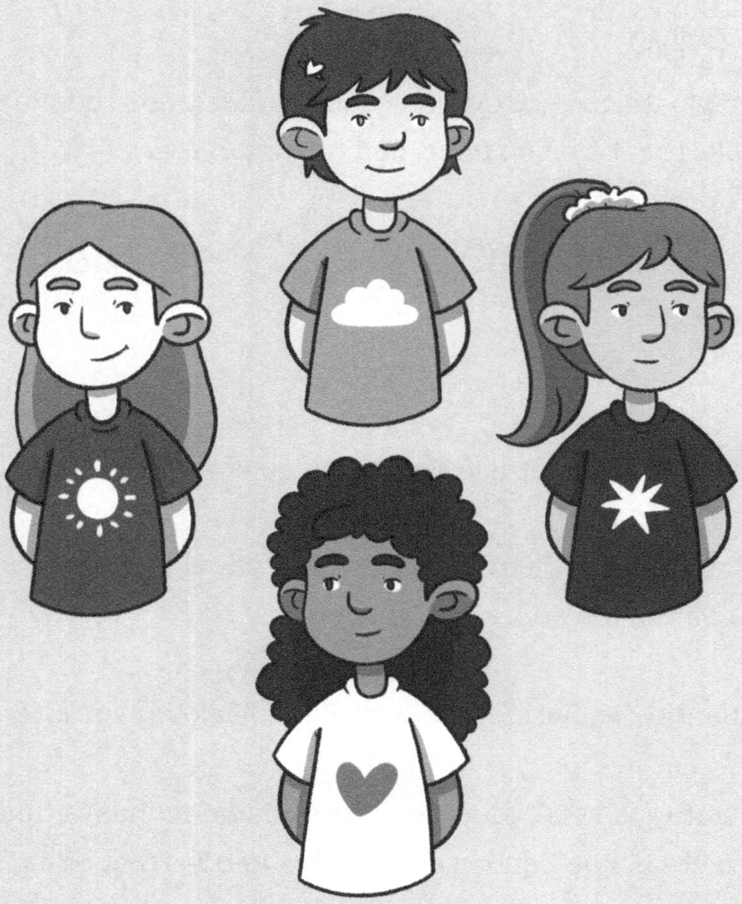

226

DIÁLOGO INTERNO POSITIVO Y REALISTA... ¡PARA CREER EN TI!

¿Cómo te hablas a ti mismo?
¡Intenta ser más amable!

- Si TRABAJO mucho, puedo convertirme en quien yo quiera.

- Hago todo lo que está en mi mano para MEJORAR.

- Escucho a mi corazón y sigo mi PASIÓN.

- Si me ESFUERZO, muchos de mis sueños se cumplirán.

- Mis sueños son tan IMPORTANTES como los de los demás.

- CONFÍO en lo que puedo llegar a hacer yo solo.

- Los sueños que tengo son MÍOS, nadie puede quitármelos.

- Mis sueños son más GRANDES que mis miedos.

CUESTIONARIO
¿SUEÑAS EN GRANDE?

Marca la respuesta que te identifica y averigua si sueñas en grande.

1. Imagínate que quieres ser médico y un compañero te dice: «No lo vas a lograr»:

    a) Me lo creo: «Tiene toda la razón».
    b) Me hace dudar: «¿Puede que yo no valga para eso?».
    c) ¡Paso de él!: «Puedo hacer lo que quiera».
    d) Le doy un empujón: «¿Qué se ha creído?».

2. Tu amiga y tú siempre habéis querido ser cantantes. Un día, la llaman a ella para hacer un vídeo musical:

    a) Me encierro en el baño a llorar durante horas: «¡Nunca más voy a cantar!».
    b) Estoy muy desanimada: «¿Por qué ella tiene tanta suerte y yo no?».
    c) Estoy un poco triste, pero también intento animarme: «¡Algún día me llamarán!».

d) Llamo a los encargados del vídeo musical para que me lo expliquen: «¿Cómo puede ser? ¡Soy mucho mejor que ella!».

3. En la cena de Navidad, tu tía se acerca a ti y te dice: «Hazme caso, de mayor tienes que ser abogado». ¿Cómo reaccionas?

a) Le doy un bolígrafo para que me escriba en un papel qué es exactamente lo que quiere que haga.

b) No quiero decepcionarla: «De mayor seré abogada, así ella estará orgullosa de mí».

c) La escucho: «A veces los demás me pueden dar buenos consejos».

d) Me entra por una oreja y me sale por la otra: «¿Qué sabrá ella? ¡Es mayor para dar consejos!».

4. Cuando los demás te critican: «¿Ya has vuelto a cambiar? ¿Ahora qué quieres ser de mayor? ¡Madre mía! Cambias de opinión cada día», ¿cómo te lo tomas?

a) Me hundo: «¡Estoy perdido en la vida!».

b) Me agobio un poco: «Igual debería saber a qué quiero dedicarme».

c) Estoy tranquilo: «A medida que crezca, mis gustos cambiarán. Tengo toda la vida por delante para decidir qué quiero ser».

d) Les grito: «¡Vosotros sois unos fracasados!».

5. Imagínate que quieres ser futbolista, pero en un partido te hacen una falta y te rompes una pierna. Los médicos te dicen que no podrás volver a jugar al fútbol:

a) Me quedo en la cama, deprimido, sin salir de casa durante meses.

b) Pienso que todo es culpa mía: «¡Soy un desastre!».

c) Me desanimo, pero intento recuperarme para poder dedicarme a otras cosas.

d) Le rompo la pierna a la persona que me ha hecho la falta.

RESULTADOS: ¿SUEÑAS EN GRANDE?

MAYORÍA DE A:

NO ESTÁS ACOSTUMBRADO A PENSAR EN TI Y EN LO QUE REALMENTE QUIERES.

✔ **Tus sueños son tan importantes como los de los demás.**

Tu familia, tus amigos y tus profesores pueden darte su opinión, pero ¿de quién son los sueños? ¡Tuyos! No dejes que las otras personas **decidan** por ti.

MAYORÍA DE B:

NO CONFÍAS EN LO QUE PUEDES LLEGAR A HACER TÚ SOLO. TIENES MIEDO DE DECEPCIONAR A LOS DEMÁS.

✔ **No te conformes con lo que te toca, sueña con lo que te gusta.**

Lucha por lo que quieres. Tus sueños tienen que ser más grandes que tus miedos.

MAYORÍA DE C:

¡ENHORABUENA, SUEÑAS EN GRANDE!

Pones ilusión a las cosas que haces. Crees que puedes conseguir hacer realidad muchos de tus sueños, aunque también sabes que no puedes conseguirlos todos.

✔ **Continúa luchando.**
Si te **esfuerzas**, tarde o temprano, alguno de ellos se hará realidad.

MAYORÍA DE D:

ESTÁS ENFADADO CON EL MUNDO.

Crees que tus sueños están por encima de los de cualquier otra persona.

✔ **Respeta a los demás y escúchalos.**
Te sorprenderá todo lo que puedes **aprender**.

CARTA PARA FAMILIAS, DOCENTES Y CUIDADORES

Querido lector (papá, mamá, abuelos, profesores...):

¡Eres MUY IMPORTANTE para el destinatario de este libro!

¡GRACIAS POR TODO!

Día a día tu labor es fundamental para que, desde bien pequeña, esa persona a quien tanto quieres **crezca creyendo en sí misma** y sea feliz, buena y fuerte.

¡TU ACOMPAÑAMIENTO ES FUNDAMENTAL!

A lo largo de su vida se encontrará con diferentes situaciones, algunas fáciles y otras no tanto. Sin embargo, será durante estas últimas cuando más te necesite. Como su referente, tu guía resultará imprescindible para recordarle que, pase lo que pase, **estarás siempre a su lado.**

Por eso...

Cada vez que observes que está INCÓMODO CON SU CUERPO, ayúdale a ver la fuerza que hay en él.
Muéstrale el brillo de sus ojos, los firmes latidos de su corazón, los constantes movimientos de su pecho al respirar. ¡Su cuerpo es CAPAZ de tanto en apenas un segundo!

Cada vez que lo veas COMPARARSE CON LOS DEMÁS, recuérdale que es único.
En todo el mundo no existe otra persona igual. Enséñale a que AME a la persona que es.

Cada vez que te diga que NO ENCAJA, escúchale atentamente.
En lugar de estar pendiente de aquellas personas a las que no gusta, deberás enseñarle a rodearse de gente que le QUIERA, le ACEPTE y le VALORE. Con el paso del tiempo, comprenderá que no pasa nada si no cae bien a todos.

Cada vez que exprese que NO VALE, hazle reflexionar.

Si cierra los ojos, respira hondo y recapacita sobre todo lo que se le da bien, ¡comprobará que es MUCHO más de lo que piensa!

Cada vez que NO ESTÉ DE ACUERDO con algo, recuérdale que siempre puede expresarlo, aunque sin faltar al respeto.

No debe sentirse mal por decir «no» a personas o situaciones con las que no esté cómodo. ¡Decir «NO» es su derecho!

Cada vez que actúe según SUS VALORES, hazle saber lo orgulloso que estás.

Ayúdale a entender que es su COMPORTAMIENTO lo que hará que se encuentre bien consigo mismo, no las cosas materiales.

Cada vez que tenga que TOMAR UNA DECISIÓN, muéstrale las alternativas que tiene, pero deja que sea él quien escoja.
Esto le ayudará a ser autónomo y a confiar en sus capacidades. Es normal que al principio se sienta inseguro, pero solo cuando uno elige, CRECE.

Cada vez que se EQUIVOQUE, no le excuses.
Ayúdale a aprender de la experiencia sin culpar a nadie, huir o esconderse. Bríndale tu apoyo cuando admita su error, pida PERDÓN y trate de reparar el daño causado.

Cada vez que algo le resulte COMPLICADO, no se lo hagas tú.
Ayúdale a pensar qué puede hacer de forma diferente. Solo ganará confianza si busca SOLUCIONES. Si no se le ocurre ninguna, enséñale a pedir ayuda.

Cada vez que te cuente que le CRITICAN, habla con él sobre cómo se siente.

Conversar sobre las EMOCIONES le ayudará a manejarlas, y reflexionar sobre lo que dicen de él le permitirá tomar mejores decisiones en el futuro.

Cada vez que tenga un SUEÑO, refuérzalo para que luche por él.

Enséñale a trabajar duro para conseguir lo que realmente quiere. Anímalo para que mantenga la ilusión y continúe ESFORZÁNDOSE a pesar de los obstáculos e inconvenientes.

¡SÉ EL PRIMERO EN APOSTAR POR ESA PERSONA A QUIEN TANTO QUIERES!

CONFÍA en lo que vale, en quién es y en lo que puede CONSEGUIR a pesar de las dificultades.